少しだけ
ペースをおとし、
もっと生活を
楽しむための
アイデア

金子由紀子
Kaneko Yukiko

毎日をちょっぴり
ていねいに暮らす
43のヒント

Subarusya

＊どんなに忙しい毎日でも、「自分らしい暮らし」は楽しめる……はじめに

「毎日が、ジェットコースターに乗ってるみたい」

って思うこと、ないですか？

仕事に勉強に人の世話に家事、とにかく毎日、時間がなくて、余裕がなくて、タイヘン。

わかります、そんな毎日。

あわただしい日々のうちに、暮らしはどんどん雑になる。

ゴミの捨て方がテキトーになる。自炊してるつもりでも、中身は出来合いのお惣菜とフリーズドライのお味噌汁。掃除もちゃんとしているのに、なんだかゴチャゴチャして居心地が悪い部屋。

これでも毎日回ってはいるんだけれど、なんだか楽しくない。何かに流されて暮ら

しているみたい。いつか時間ができれば、もっと私らしく、ていねいな暮らしができるのに――。

でも、そんな日はいつまでたってもやってこない。

未整理の写真の山は待てど暮らせどアルバムにならないし、おいしそうなレシピの切り抜きはいっこうに食卓に上らない。

だったら、こちらから迎えにいこう。

時間はないけど、とりあえず、「ていねいに暮らす」をやってみるのだ。


最初は、ほんの小さなことから。

ペットボトルの分別は面倒なので、買わない。

「ダシ入り味噌」を「煮干しダシ＋味噌」に。

市販のボトル入りシャンプーを、自分で選んだディスペンサーへ。

ほんのちょっとの手間だけど、少しずつ積み重なると、その累計が「自分らしい暮らしのカタチ」をつくっていく。

暮らしのそこここに「自分で選んだスタイル」があると、忙しい毎日は変わらないのに、なぜか気持ちがゆったりしてくる。ふっと立ち止まって、空を見上げる時間ができてくる。

「時間があれば、ていねいに暮らせる」のではなく、「ていねいに暮らすと、時間ができる」のだ。

いますぐ、ここから始められる。本書では、そんな「ちょっとだけ、ていねいな暮らし」を、43のアイデアにまとめてみました。

私同様に忙しい日々を送る方に、暮らしを楽しむための小さなヒントにしていただければうれしいです。

金子由紀子

第1章 単調になりがちな日常に彩りをそえるヒント

第2章

毎日だからこそ、ていねいにしたい食事のヒント

第3章

家に帰るのが待ち遠しくなる部屋づくりのヒント

第4章
自分の体をいつくしむ美容とおしゃれのヒント

第5章

いつもとちょっと違う贅沢な休日にするヒント

装丁・本文デザイン・イラスト……石村紗貴子

第1章

単調になりがちな日常に彩りをそえるヒント

Chapter 1

01

43 Hints

雑だった暮らし、今日から少しずつていねいに

＊生活は一度に変えられないもの

最近よく聞く言い方、「ていねいに暮らす」って、どんな暮らしだろう。

やっぱり、何でも手づくりして、モノを大切にする暮らしかな？

着古した服もそのまま捨てないで、ファスナーやボタンは切りとって、小さな布もキルト用にとっておくとか。

生ゴミも切り刻んで土と混ぜて堆肥にして、家庭菜園に還元して、その野菜でサラダをつくっちゃうとか。おお、カッコいい。誠実で、エコロジーで、スロー。ぜひ、いつかは私もやってみたいもんだ。

でも現実は——。

ラベルもそのままのペットボトルや牛乳パックもいっしょに、燃えるゴミに突っ込

んで、朝食もそこそこに会社へ飛び出していく。

夜は夜で、残業をこなして帰宅途中に、スーパーのお惣菜を買い込み、パックのまま食卓に出して、朝炊いて保温しておいたご飯（ちょっとおいしくなくなってる……）といっしょに、テレビを見ながら食べる毎日。

洗濯は合成洗剤使って全自動→夜干し。キッチンでは塩素系漂白剤を使いまくり。だって、てっとり早くキレイにするにはコレが一番なんだもん。

毎日これでも何とか回っているんだけど、何か楽しくない。いつかはゆったりと、ていねいに暮らしたいと思ってるけど、とてもじゃないけどムリムリ！

――お勤めしていたり、世話をしなきゃならない家族がいたり、収入には結びつかないけど自分じゃなきゃできない仕事を抱えていたり。理想と現実の違いに、ため息をついている人、多いと思う。

でも、できるはず。もうちょっとだけ、ていねいな暮らし。

キルトや堆肥までつくらなくたっていい。着もしないのに、かさばる服を減らしたり、ちょこっとだけベランダに緑を育てたり、そんなことから少しずつ、自分なりのていねいな暮らしをつくっていけないだろうか。

＊気張らず、やれることから始めてみる

「そうはいっても、いままでずっと雑に暮らしてきたんだから……」

長年の生活習慣は変えられないと思っている人が多いけれど、実はそうでもない。

かつて内科医に聞いたところによると、もっとも変えにくいと思われる食習慣も、二週間あればかなり変えられるという。

あぶらっこいものが好きだった人も、二週間、低カロリー食を続けると、次第に文句を言わなくなる。濃い味つけを好む人が、二週間、薄味料理を食べているうちに、しょう油を足さなくなる。

二週間というのは、悪い習慣をとりのぞき、よい習慣を定着させるのに必要な最低限の期間だそうだ。実際私も、新しい習慣を身につけてきた過程を振り返ると、一〇日から一カ月で定着したように思う。

ただ、挫折する人が多いのは、一度に二つも三つも変えようとするから。

これは食習慣だけに限らない。運動や生活態度など、多くの習慣に共通するものらしい。

新しい習慣を身につけたいなら、一度にひとつ、が原則。

そのひとつが確実に身についたら、もうひとつ。

それを何度も繰り返しているうちに、きっとあなたは新しいあなたになれる。というか、「新しいあなた」はもう、いまのあなたのなかにいるのだけれど。

暮らしのすべてをていねい化させる必要はない。自分が「これだけはていねいにしたい」と思っていること、その優先度の高いものだけを、今日から少しだけ実践していってはどうだろう。

最初はひとつだけ。二週間たっても定着しなかったら、期間延長して三週間、一カ月。時間がかかってもいつか定着するなら、そのぶんだけ確実に変わることができるはずだ。

それを一年、二年……続けていくことがそのまま、自分を好きになる、自分を大切にする過程になっていくんじゃないだろうか。

さて、その「最初のひとつ」は何ですか？

02

43 Hints

「私って、ちゃんと生活してる！」実感がほしい

＊ **ただ自己満足のために**

「ていねいな暮らし」って、何がていねいなの？　と思うとき、それは「見えないところをきちんとすること」のような気がする。

女の人に限らず、人は「見えるところ、見られるところ」はキレイにするし、きちんとするんだけれど、誰も見ていないところはおざなりにしがちだ。

メイクや服装はキレイにしている女性でも、ゴミの出し方はずさんだったり、会食ではランチに五千円払う人でも、自宅ではインスタント食品ばかり食べていたり。

人から見えるところをキレイにきちんとすることは、もちろん大切だ。

それができるからこそ信頼されるし、人づきあいもうまくいく。

でも、それだけでいいのだろうか？

それだけだと、まるで「人のために生きている」ことになっちゃわないだろうか？ていねいに暮らそうとするとき、重要になるのは、人から見えない部分なのだ。ゴミ出しなんて誰も見ちゃいないし、自宅で何を食べていようが、他人にはわからない。でも、そればっかりだと、自分が気持ち悪い。――そんなふうに感じている人なら、じゅうぶん、いま以上にていねいに暮らせる素質があるはず。

＊きちんと生きている感覚は心を落ち着かせる

「ていねいに暮らす」とは、他でもない自分自身が気持ちよく、豊かな気分で暮らすこと。だから、「私が気持ちいいかどうか、楽しいかどうか」が基準になる。

たとえば、キッチンで使うもの。鍋なら、私はちょっと高くても本当に気に入ったものを使うようにしている。

材質がいいと、ヘタな料理もおいしくできるし、汚れ落ちもいいから、気持ちよく料理ができる。デザインがいいと、見ていても気分いい。料理は毎日するものだから、鍋ひとつで毎日が楽しくなる。

私の妹は、うちで使っていた鍋を出産祝いに贈ったら、台所の鍋をすべてそのシリーズにしてしまった。

彼女は、着るものに関してはあまりこだわらないが、料理が好きなので、台所で使うものはことごとく〝ブランドもの〟。私は「完全武装の台所」と呼んでいる。

そんなふうに、自分が大切にしたい部分だけはきちんと、ていねいにしていく。それが料理だったり、ソーイングだったり、ガーデニングだったり、違いはあるかもしれないけれど、そこがとっかかりになって、自分らしい暮らしができていく。

ただ、バッグや服と違って、「暮らし」は他人に見えることは少ないから、評価の対象にはなりにくい。

でも、そんなこと、いいんじゃない？

人から見えないところでも、私は私らしく、きちんと暮らせているのよって思えることは、ブランド品を持っていることや、ファッションセンスを誉められること以上に、満足度が高いし、心を安定させてくれると思うのだけれど。

いまあるものを大切に使い切る

といっても、「高価な鍋や調理器具」を持っているのがエライというわけじゃない。

「ていねいな暮らし」というと、何か特別なもの（カリスマ・マダムが使ってるのと同じものとか）を買って、特別なことをしなければならないように思うかもしれないけれど、そんなことはまったくない。自分が「いい」と思えるものなら、どんなものでもいいのだ。

そして、それを精いっぱい大切に使い切る。あるいは、ちょっと古くて不便だけれど、ずっと使っているお気に入りのものがあるなら、それも大切に使い続ける。

それができる人こそ、カッコいいと思う。

暮らしは、人に見せるためのものじゃない。自分が自分らしさをとり戻せる空間をつくり、そこでゆったりと心地よく過ごすためのもの。

そのために、使い心地のいい鍋を選ぶのもいい。お客様用にとっておきがちな、高級茶器やアンティークのグラスを普段使いにするのもいい。イベントのときだけでなく、いつも食卓に一輪の花を飾ることでもいい。

何でもいいから、自分が気持ちよく過ごすための工夫を実践すること。それが「ていねいな、自分らしい暮らし」をつくっていくのだ。

03

43 Hints

あえて〝ちょっと面倒なほう〟を選ぶ大切さ

＊「いまよりもう少しマシにしたい」思い

「ていねい」に似た語感のある言葉に「心を込めて」というのがある。

私は子どものころから、「心を込めて」という言葉がキライだった。何を見ても、何を読んでもそう書いてあるんだもの。

「心を込めて、厳選素材でつくりました」なんて書いてある商品を見ると、「マニュアル通りに、安く買った材料でつくりました、って意味でしょ」などと、子どものくせにイジワルなことを考えていた。そのくらい、「心を込めて」には安っぽい響きがあったのだ。

「心を込める」なんていうのは、本当はものすごく高度でタイヘンなことだ。私なんぞは「心を込めて」何かをやったことなどないと思っていた。

当時の私は「心を込める」ということを、眉間にシワを寄せてウンウン唸りながらじゃなきゃできない筋肉労働だと思っていたフシがある。

そんな私も長じて家庭を持ち、心なんか込めてるつもりはサラサラなく、自己流家事で日々を暮らし始めた。

が、あるとき、いつものように味噌汁のダシに使う煮干しを二つに裂いて、ハラワタをとりながら、ハッと気づいた。ちょっと手間はかかるが、これが一番てっとり早くおいしいお味噌汁がつくれる。

「あれ？　ひょっとしてこれ？　心を込めるって、このこと？」

お味噌汁を食べるだけなら、インスタントだっていいはずだ。でもそれよりは、粉末ダシでもいいから自分でつくったお味噌汁のほうがいい。

さらにそれよりは、天然ダシでつくったほうがいい。煮干しをそのまま放り込むよりは、ハラワタをとったものを使ったほうが臭みが出ない。できれば、それをフライパンでカラ煎りすると、もっといい……。

たかがお味噌汁をつくるだけのことだけれど、この一連の段階には、「いまよりもちょっとだけマシにしたい」という思いが込められている。おそらく無意識に、人は

「もうちょっとだけマシなほう」へ行きたいと願っているはずだ。

それがきっと、「心を込める」ということなのだ。そのとき初めて、そう思った。

✳便利さに流されないことで鍛えられる

「ていねいに暮らす」も同じことじゃないのかな。

家事に意欲的で、何でもソツなくこなして、チリひとつ落ちてない生活ができる人が「ていねいに暮らしている人」ならば、たしかに敷居が高い。厳格な家庭に育ったお嬢様のイメージだ。

でも、現実の自分は、もっと大ざっぱだし、カッコ悪い。家事は自己流だわ、仕事に追われて時間の余裕はないわ、ちょっとスケジュールがきつくなるとパニックを起こす。たちまち暮らしはとっ散らかる。

けれど、そんな現実は現実として素直に受け入れながらも、「昨日よりちょっとでもマシな自分」になりたいから、今日も少しだけがんばってみる。

それが私の「ていねいな暮らし」だ。

きちんとダシをとっている自分、合成洗剤ではなく石けんで洗濯している自分、ペットボトル飲料を買わない自分――。

毎日のその選択が、他人にとってどんなに些細なものであっても、それを選びとっているのが他でもない自分である限り、「なんとなく、流されて」生きているような虚無感からは離れることができる。

「このスタイルを選んだのは、私だ！」という意識、それが、過ぎ去っていく日々のたしかな手ごたえをつくってくれる。

そしていつか、自分で自分を見る目が変わってくる。

「なんだ、やればできるじゃん、私」

便利に流されようと思えば、いくらでもラクできる時代だからこそ、「ていねいに」暮らすこととは、たぶん、そんな環境にからめとられて失ってしまった何かを取り戻し、自分で自分を育てあげていく過程なんじゃないだろうか。

04

43 Hints

自分のテイストに馴染まないものは使わない

＊「いただきもの」は部屋の統一感をこわしやすい

「これは、いいものだから」

と、引き出物やプレゼントの食器や日用品を、使いもせず大切に飾っている人がいる。私の母親世代に多いように思うのだが、それ、全部自分の趣味に合ってるのか⁉と聞きたくなる。

自分が心地いい暮らしをつくりたいなら、「いただきもの」はとっても危険。人がくれるものには「いいもの」が多いだけに危険、危険。

どんなに「いいもの」でも、自分の趣味にちょっとでも合わないなら、使うべきではない。さらにいうなら、視界に入れないほうがいい、とさえ思う。

ほんのちょっとの違和感が、少しずつ積み重なって、自分の世界のあるべき調和を乱すのだ。本当に居心地のいい世界をつくっていきたいのだったら、できるだけ「他人の趣味」を排除したほうがいい。

ちっぽけな自分の空間ぐらい、わがままに、自分の趣味を押し通すべき！

使わない「いいもの」は、思いきってフリーマーケットやリサイクルショップ、バザーに出してしまおう。自分で使うものは、自分の足で納得いくまで探し、少々高価でも自腹で買うのが、ものと長く楽しくつきあう基本だと思う。

✳ 目に入るラベルやロゴマークをはずす

「他人の趣味」は、いただきものに限らない。

シャンプーや洗剤、食品、雑貨などには、派手なラベルやロゴマークがついている。これは、多くの商品が並ぶ店頭で、いかに目立つか、いかに手にとってもらうかを目的にデザインされたもの。これを家のなかに持ち込み、そのままの形で使うと、家のなかはどんどん雑然としていく。

だから、できるだけラベルやロゴマークをはずした形で使おう。シャンプーならディスペンサーに移し、食品も見えるところには置かない。ティッシュペーパーはカバ

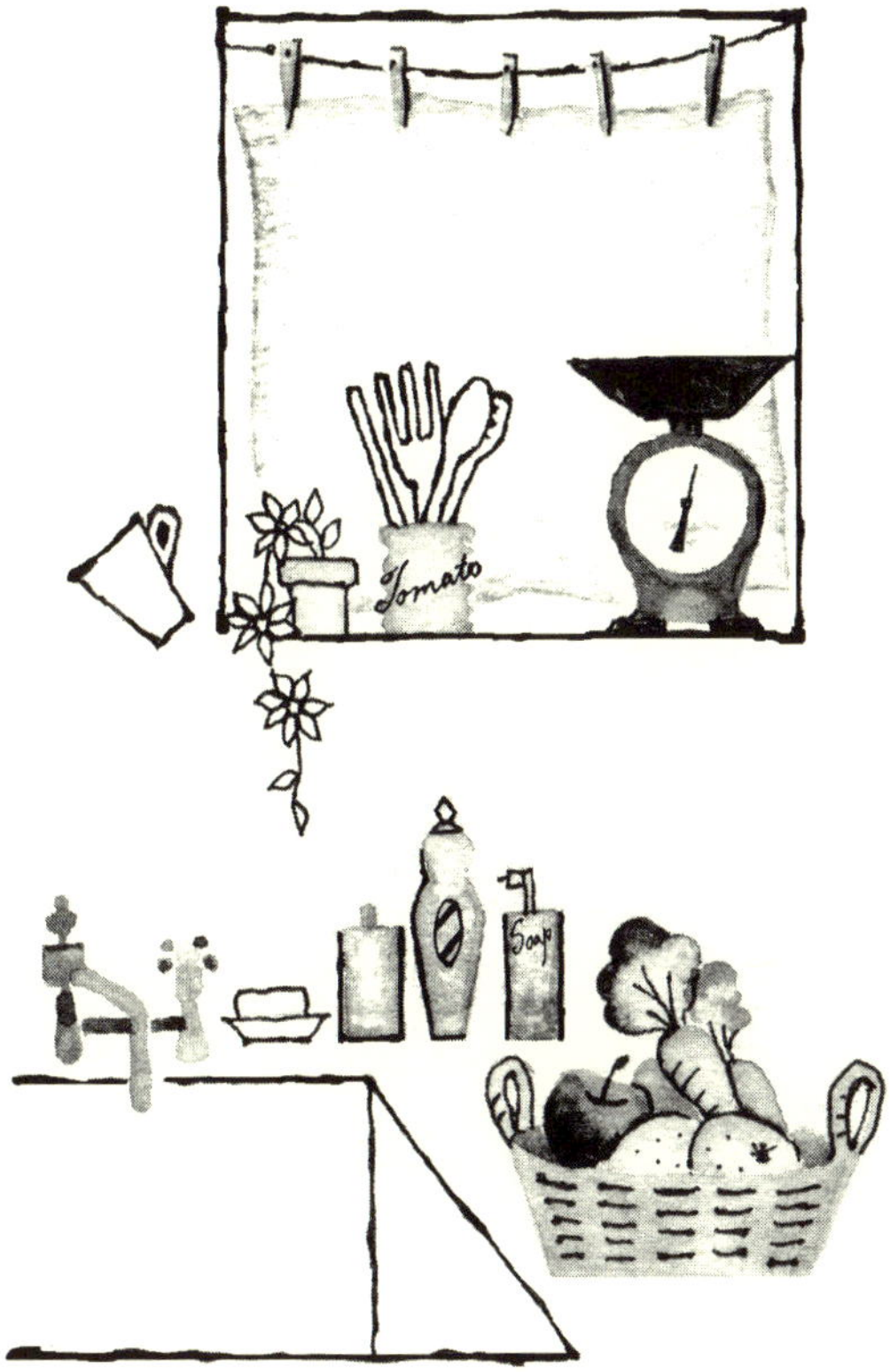
Tomato
Soap

ーをかけるか、テーブルの裏に両面テープで貼るなど、ロゴマークを見せない工夫をする。「他人の意思」を排除して、「自分の好み」で統一をはかるのだ。

そのためには、移し替えのための容器やカバーをいろいろ用意しておくといい。ラベルやロゴを見せない。それだけのことだが、徹底すれば、みんなが憧れる「ホテルの部屋のようなインテリア」に近づくことができる。

それほど、ラベルとロゴの存在感は強烈なのだ。ひとつひとつは小さなものでも、互いに互いを押しのけて買わせようとする意思（デザイン）が、はからずも一カ所に集まると、相乗効果でゴチャゴチャ感がパワーアップする。

ラベルやロゴのあるものをすべて排除とはいかなくても、ひとつでもその要素を減らすのは、居心地いい空間をつくるために大切なことだ。

＊自分の空間くらい、自分の趣味を押し通そう

なかには、見えていても邪魔にならない、あるいは美しく見えるラベルやロゴというのもある。ほとんどは外国製品、外国語でプリントされているものだ。

インテリア雑誌のグラビアにも、マンションや住宅のモデルルーム・モデルハウス

にも、ディスプレイ用の雑誌や食品などのパッケージにも、日本語表記のものはまず置かれていない。

これは、日本の製品や雑誌のデザインが劣っているというよりは、日本語でプリントされたものがたくさんあると〝情報過多〟になって、インテリアそのものに集中できないからじゃないかと思う。

文章を書いたり読んだりという作業には、日本語のBGMはとても邪魔になる。それと同じかもしれない。

どちらにしても、自分の支配が及ぶエリアだけは、キライなものを置かない。そこでは、本当に気に入ったものを少しだけ持ち、それらを使い倒す。

そんな暮らしを実現するためには、自分の好きなものとキライなものがハッキリしていなければならない。

ものを買う際、もらう際、ものを家に入れる前に「これは本当に自分が好きなものか?」を何度も自分に聞こう。

その繰り返しが、「自分基準」を育てていくのだと思う。

015

43 Hints

「早く帰りたい、ずっといたい」部屋にするコツ

＊最低限、見えるところだけスッキリさせる

たまーに「散らかっているほうが落ち着く」という人もいるが、まあ普通は、キレイに片づいたお部屋のほうが気持ちいいし、ゆったりできる。少なくとも私はそうだ。何も置いていないホテルの部屋って、爽快ですよね？

部屋が散らかっていると、てきめんに不機嫌になってくる。仕事ははかどらないし、家族にガミガミ言い続けるし、そんな自分がイヤでまた不機嫌になって——。ホント、散らかった部屋は精神衛生上よくない。

問題は、だからといって、疲れて帰ってきたうえに、隅から隅まで掃除なんてしていられない！　ということだ。掃除なんてやりたくないの、本当は。やるなら五分ですませたいの、五分で。

毎日の掃除にかける時間は最低限にしたい。そのためには、帰ってきたとき目に入る場所だけ、キレイになっていればよしとする。そうすれば、乱雑な部屋に帰ってグッタリ、という事態は避けられる。

それには、帰ってきてから落ち着くまで、いつも自分がたどる動線に従って、そこから見えるゴチャゴチャしたものを隠したり、なくしたりするのがポイントだ。

＊掃除をとにかくカンタンにするには？

まず、「リビングの床にものが落ちていない」こと。「平面」がたくさん見えている部屋は、それだけでとりあえずスッキリして見える。

床にものさえ落ちていなければ、掃除機がラクラクかけられる。

我が家のリビングは約一八畳。その掃除機かけは、椅子などを足でどかしながらで五分ですむ。普段の掃除はこれですませてしまう。拭き掃除やワックスがけは、余裕があるときの〝オプション〟とする。

次にクリアしたいのが、「家具・家電のうえにものを置かない」こと。

いつもいる席のまわりには、雑誌や書類、文具類が散乱しがちなので、すぐにしまえる収納を近くにつくる。持ち運びできるカゴに布をかぶせただけでもいい。そのカゴは〝郵便配達員のバッグ〟。時間があるときに、中身を見ながら、戻すべき場所に戻すための仮収納だ。

いつも通る場所、いる場所に細かいものが散乱していないだけでも、ずいぶん気分よく過ごせるものだ。それには、「帰ってリビングに直行」の前にワンクッション置くことで、かなり解決できる。

リビングの椅子やソファに上着を〝とりあえず〟かけたり、〝とりあえず〟バッグを置いてしまう前に、寝室やクロゼットに設けたコーナーに直行して、そこにものをいったん置くと、だいぶ散らかりを防げる。

✳ 水回りさえキレイなら、他には目をつぶれる

もうひとつ、キレイにしておくと気分がいいのが、キッチンや洗面所などの水回り。水回りさえキレイなら、他のところは多少ホコリが目立っても、ストレスの度合いがまったく違う。

水回りをキレイに保つコツは、とにかく、そこに置くアイテムをひとつでも減らす

こと。ものが少なければ少ないほど、見た目もスッキリ、掃除がしやすい。

ものがゴチャゴチャとたくさん置いてあると、掃除がしにくいためにヌメリが発生したり、気分が悪い。だから、ここには「ホテルのアメニティのシャンプーの使いかけ」など置きっぱなしにしないように！

洗剤やシャンプー、タワシやスポンジといった、水回りにつきもののアイテムは、色をできるだけ統一しておくと、スッキリ見える。

洗面所の場合、化粧品や綿棒など水平面に置くものが意外に多く、それをいちいちどかして拭くのが億劫。だから、まとめてトレイに載せておき、トレイごと持ち上げて拭くようにすると掃除がラクになる。

そして、水回りの掃除に共通して気をつけたいのが、「蛇口と鏡を磨く」こと。

ここが光っていると、水回りはそれだけで清潔感が漂う。逆に、ここが曇っていると、ほかの部分がキレイでもだいなし。真っ先にキレイにしよう。

蛇口がキラリと光り、少ないものの色調が統一された水回り。そこに、毎日とり替える清潔なタオルがあれば、帰宅時の疲労感はずいぶん軽くなるはずだ。

06

43 Hints

掃除や洗濯が楽しみになってくる小さな演出

＊自分をうまく乗せる方法

毎日、最低限の家事をこなすことでギリギリいっぱいの人、家事ギライを自認する人は多いだろう。家事は「やってもやっても終わらない」「仕事（勉強、育児）だけで手いっぱい」「不毛で単調な作業」。つまり、楽しくない。

楽しくないのはよろしくない。

家事は、誰でも一生やっていかなければならないものだ。その家事が楽しくないのでは、一生が楽しくなくなってしまう。「家事の達人」になる必要はないけれど、家事が楽しいと思える人生は、そうでない人生の何倍も豊かなはず。

つまらないことを楽しくするのは、ほんの小さな工夫や、ものだったりする。

たとえば、掃除はつまらない。少なくとも私はキライだ。

だから、少しでも楽しくするために、普段から「掃除用ＣＤ」を用意してある。

昔、『ユーロビート・お掃除テキパキ編』というコンピレーションを見つけて爆笑して以来、アイデアを使わせてもらっている。

やる気が出ない日、どうにも腰が重い日、思いきりテンポの速い曲やノリのいい曲ばかり集めたＣＤをかけ、レッツお掃除！

すると単純なもので、曲がかかり出すと、なかば自動的に体が動く。私の場合、サルサ、サンバが、楽しく掃除できる信頼のジャンルだ。ヒップホップも試したが、曲によっては殺伐とした気分になるのでアウト。若い人には向くかも。

とにかくテンポの速い曲を選ぶことが成功の鍵だ。

小学校のころ、掃除時間になるとなぜか「スケーターズ・ワルツ」がかかり、その曲を聴くと、いまでも雑巾がけがしたくなるのには、我ながら笑ってしまう。

＊「何でもいい」になりがちな家事グッズに凝る

キライな家事こそ、グッズに凝るべきだ！　派手でキレイな色のタワシ、かわいい形のスポンジ、使い心地のいいゴム手袋、おしゃれなバケツ……。雑貨店で探しても

clean

いいし、最近では通販にもおもしろいものがある。「よし、今度はこれを使おう」と、掃除をするのが楽しみになるようなグッズを普段から集めておこう。

ただしこの場合、あくまで機能よりもデザイン、見た目を重視する。よくある「新発売のお掃除便利〇〇」的なグッズは、実はあまり使えない場合が多い（たまに当たりもあるが）。第一、たいていステキじゃない。

それよりは、機能はさておき、目を楽しませてくれる「かわいくて、おしゃれな」お掃除グッズのほうが、実ははるかにモチベーションが上がるのは経験ずみだ。

最近は家事にエプロンをつけない人が増えたというが、エプロンの紐をキリリと締めて、髪をまとめ、バンダナをキュッと結ぶと、やる気倍増は間違いない。

もちろん、エプロンも、実家でもらった引き出物か何かよりは、自分の足で探したとっておきの一枚を。

音楽や小物に凝るなんて、大したことじゃないが、人間は気分に左右されるもの。キライな作業を始めるなら、楽しい要素、美しい要素をできるだけたくさん自分に用意してあげよう。そうすることで、不毛と思っていた家事の時間が、思いがけず楽しくなることもあるのだから。

＊外注してしまいたい気持ちはわかるけれど……

それでもできれば、掃除も洗濯も料理も外注してしまいたい。そうすれば、もっとゆったりできるのに……と思っている人。

それは違うのでは？

たしかに終わりのない、単調な作業の繰り返しに見える家事。でも、本当のところ、家事をすることによって、私たちのなかの壊れた何か、失った何かが、音もなく修復されていくような気がするのだ。

家事って、ただ暮らしを回転させるための〝労働〟じゃない。暮らしを整えることで、自分を整え、自分を育てていくためのレッスン、修行の時間でもある。

それを根こそぎ外注してしまうのは、大切な自分の暮らし、自分自身をつくることを人まかせにしてしまうことにならないだろうか。

家事こそ「暮らし」の基礎。誰も見ていないし、お金をかければ手をかけなくても暮らしは回っていくけれど、それは二重の意味でもったいないこと。

完璧をめざす必要はないけれど、昨日よりちょっとだけ楽しく、今日の暮らしを整えていきたい。

07

43 Hints

自分にたっぷり手間をかけるひとときを

＊ **お風呂で優雅な時間を過ごす**

深夜テレビを見ながらうたた寝して、結局メイクもとらずに寝てしまった――なんていう日が重なると、肌も気持ちも、だんだんすさんでくる。

うらぶれた気分が続くと、基本的な肌の手入れもおざなりになりがち。洗いっぱなしの顔がどんどん乾燥しようと、化粧水もつけず、ボサボサ髪をひっつめにして、メイクも次第にいいかげんになってくる。これはアブナイ！

そんな危険信号を自覚したら、無理やりでも（といっても、実際はそんなに時間がかかるわけではないのだが）「自分に手間をかけてあげる時間」を持とう。

もちろん、エステに行くなり、美容院に行くなりするのも大いにいい。けれど、「人にしてもらうのではなく、自分の手で、自分を癒す」という行為もまた、大切なんじゃないだろうか。

ぬるめのお風呂にエッセンシャルオイルを一滴垂らし、重曹や自然塩を入れて、パックしながら半身浴。音楽を流す。キャンドルを灯す。とっておきの石けんをおろす。お風呂上がりにのんびりと、オリーブオイルでマッサージ――。

こんな優雅な時間を、たまには自分につくってあげよう。

それでシミやシワがとれるとか、ニキビが治るとかいったことは（あるのかもしれないが）あまり重要ではない。それよりも、「自分を大切に扱い、自分をとり戻す時間」を持つ、そのことが大切なのだ。

手のひらの温かさで肌を包みながら、「いま私は、自分にうーんと手をかけてるのよ！」という思いは、必ずお肌に通じるはず。気分がリラックスすれば、アルファ波もエストロゲンもセロトニンも、たっぷり出るにちがいない。細胞が生き生きし、体に元気が湧いてくるのが実感できるだろう。

もちろん、顔だけじゃなく、ボディのお手入れも大切。ムダ毛・角質ケアって、「自分の世界」に没入できるところがいい。

✳ 感謝を込めて体をピカピカにしてあげよう

体中、ツルツルすべすべになると、それだけで優雅でリッチな気分。人まかせにせず、自分でじっくり時間をかけてやると、達成感もひとしお。ちなみに、ボディケアのお供はテレビではなくラジオがベターだ。

また、ふだんあまりしない人も、たまにはネイルケアを。トップコートとベースコートをきちんと塗れば、けっこう水仕事にも耐える。気分が落ち込んだら、ネイルだけでもおしゃれしてみるといい。

自分でやるエステもどきは、普段ないがしろにしがちな「自分の体」との対話なのだ。いつもがんばってくれている脚や腕、しょっちゅう「キライ」を言い続けているお腹やお尻、そして見えないけれど、休みなく働いてくれる内臓たち。

かけがえのない自分の体とひととき向き合い、感謝しよう。

自分の体だからといって、ぞんざいに扱うことはやめよう。自分の体をいとしいと思い、ありがたいと思う気持ちで接するなら、体は必ずこたえてくれるし、体が喜ぶことをすれば、心のこわばりもそれにつれてほぐれていく。

毎日はできなくても、そんな「自分への感謝の時間」を大切にしたい。

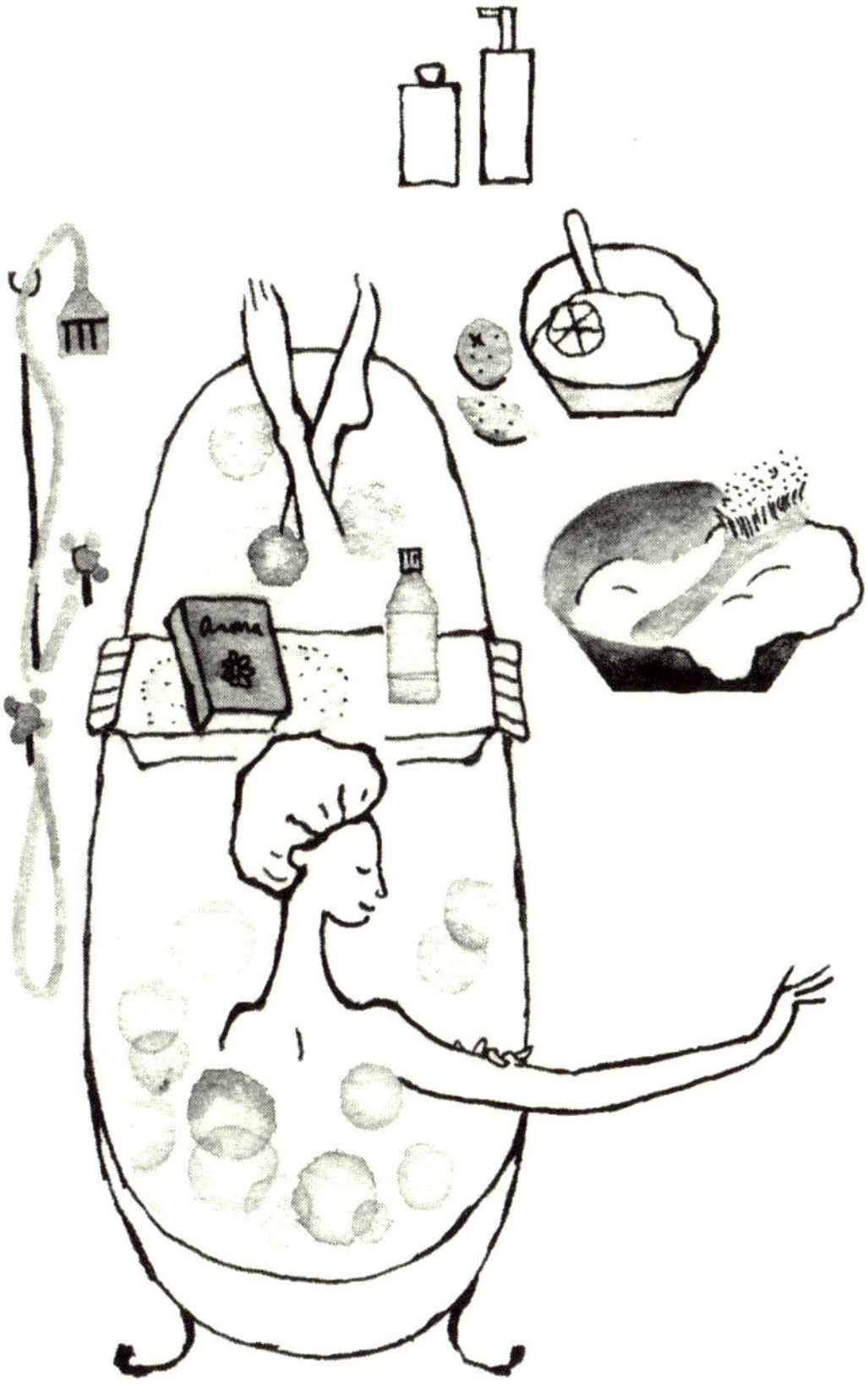
Aroma

08

43 Hints

寝る前の「日課」で毎日にリズムが生まれる

＊ **たいした効果はないけれど、ずっと続けられる習慣**

「早寝早起き」「規則正しく生活する」のが健康を守ることなんて、わかっちゃいるけれどなかなか実行できない。やることは山のようにある。それが翌日にズレ込んでいく焦りに自分を責め、形のない不安がストレスになっていく——。

そんな毎日、あえて自分に「日課」を与えることが、規則正しい生活リズムをつくってくれる。私はそれをひとり暮らし時代に学んだ。

なぜそんなことを始めたかわからないのだが、「寝る前に必ずすること」として、「洋書の小説を三分の一ページ訳す」ことと「腹筋五〇回」を自分に課していた。

別に、翻訳家になろうとか、特別に英語が好きだったとかいうわけではない。腹筋くらいでヤセると思っていたわけでもない。たぶん、「効果は期待しないけど、それをすることで頭のなかをカラッポにしたい」気持ちだったのだと思う。

当時、私は密かにそれらを「写経」と呼んでいた。会社勤めにも慣れ、ダラダラと過ぎていく「仕事だけ」になりがちな日々を、「写経」によって少しでもコントロールしたかったのだと思う。

「写経」の効果はてきめんだった。毎日、会社と家の往復で、なんとなく流されているように感じていた生活が、「写経」によって、次第にカタチが整っていく。

帰ってご飯を食べ、テレビを見て寝る……という日々が、「あっそうだ、アレをやらなきゃ」と意識することでメリハリがついてきた。

あわただしい暮らしぶりには変わりなかったが、「でもまあ、とりあえず『写経』はやったから！」という妙な安心感、満足感を感じるようになった。そうすると次第に、内なる焦りや迷いは不思議に消えていった。

気持ちが落ち着くと、生活も自然に整っていく。一時期、メチャクチャだった食生活は、いつしか自炊でバランスよくなり、気がつけば毎日糠漬けをかき回し、保存食をつくり、掃除洗濯といった家事にもリズムができていた。

このとき身についた生活が、その後の暮らしの基礎になったと思っている。

✳乱れがちな生活にメリハリを与えてくれる

毎日同じことを繰り返すなんて退屈、と思うかもしれないが、ルーティーンワークを定着させることこそ、エネルギーを分散させず効率よく生きるコツだ。

期待していなかった効果（私の場合は、語学力や体力づくり）を得られることもあるし、何といっても、「何かを継続している」ということ自体が、自分のなかで大きな自信となっていく。

私の「写経」は、当時の住まいを引っ越すときに終わったが、そのときどきで「写経」にあたることを実行している。

「写経」は、それが何であれ、なかば自動的に手や体を動かし、一日の生活リズムに組み込んでしまうのが継続の秘訣だ。

人によってはこれが「家計簿をつけること」だったり、「つくりかけのキルトを五枚つなぐこと」だったりするかもしれない。

一人暮らしや、残業の多い仕事で、乱れがちな生活を送っている人にこそ「写経」、おすすめです。

09

43 Hints

「記録」をすることの魅力

＊日記をつけてみる

飛ぶように目の前を過ぎていく日々。決して充実していないわけじゃない。けれどなぜか、自分が抱えている空虚にふと気づいて、ハッとすることがある。――そんな繰り返しに、なんとなく不安を感じるなら、「日記」がおすすめ。

流れのなかにいると、自分の姿は水に映らない。「日記を書く」ことは、流れっぱなしの毎日を、一瞬だけせき止め、自分のいる位置を確認することでもある。

日記をつけるようになると、どういうわけか気持ちが落ち着いてくる。形が見えずに不安だった自分の現在が、書くことによって、少しでもハッキリしてくるからかもしれない。

そうなると、現在の自分がどうしてそうなったのか、これから自分は本当はどうしたいのか、といったことが見えてくる。不安が少なくなる。

これは私自身の経験だけではなく、日記をつけている人にある程度共通していることだと思う。社会人となり、仕事上の悩みを抱えていた、ある友人は、

「日記をつけ始めたら、だんだん前みたいにクヨクヨ悩まなくなった。その日にあったことばかり、繰り返し考えながら眠りについていたんだけど、次の日どうしようかって考えられるようになった。それに、寝る前に日記を書いてしまうと、仕事の夢を見ないいんだよね」

と言っていた。そのときの彼女にとっては、書くことが、心のメモリを占領していた悩みを外に出す効果があったのかもしれない。

とくに、強いストレスや悩みを抱えているときには、悩みと自分が一体化してしまい、他のことが見えなくなる。だから、あえてその見たくない感情や事実を文字にしてしまうことで、悩んでいる現実を自分と切り離すことができるのだろう。

写真を撮ったりするのもいい

もっとも、書くことがキライな人にとっては、「日記」なんてあまりおもしろくな

いことなのかも。

でも、別に毎日必ずつける必要はないし、「感情の吐露」なんかしなくてもいい。いわゆる日記らしい日記じゃなくたってかまわないのだ。

お買い物のレシートを貼りつけただけだっていいし、体温や血圧などの健康記録だっていい。その日食べたものを書き出しただけというのもおもしろいかも。

最近は、写真もデジカメや携帯で気軽に撮れるし、データには自動的に日付が入るので、文章のない「写真日記」ならすぐに始められる。

店先のディスプレイや道端の花、野良猫など、そのときどきで目に入ったものを撮ってもいいし、「今日のお弁当」「今日のコーディネート」「今日の雲」といった定点観測的なものもおもしろい。

もっといえば、必ずしも自分自身の生活の記録でなくてもいい。たとえば、目に止まった新聞や雑誌の記事をランダムに切り抜いたものを羅列するだけ、というのもアリだと思う。

記録されたものには必ず、その時点での自分の心が映っているものだ。だから、記録の方法は何でもいい。また表現のうまい・ヘタも気にする必要はない。

＊流れゆく日々を一瞬でもせき止めてくれる

日記を書き、写真を撮る（記録する）のはおもしろいし、実際役立つこともある。でも、それは、過去を振り返って反省の糧とするためでもなければ、過ぎた日々を懐かしむための「アルバム」づくりでもない。

大切なのは、記録をとるために「足を止めている」ことそのものの効用だ。

記録をすることは、毎日のあわただしい流れを一瞬、止める。その一瞬にだけ、いつもは意識していない等身大の自分の姿を眺め、これから変化していくだろう未来の自分の姿をチラリとのぞくことができるのだと思う。

だから（日記をつけることで成長しよう、とか大上段にかまえずに）、

「最近、昨日何があったかもすぐ忘れてしまう」

「どうも、自分を見失っている気がする」

という、不安とまで呼べない漠然とした気持ちを感じているなら、三日に一度、一週間に一度でもいい、日記をつけてみては？

あるいは、ちょっとした生活の記録をとって、いまの自分の姿を見つけてみてはどうだろうか。

10

43 Hints

がんばってる私に、プチ贅沢をプレゼント

＊自分ひとりのための「お祝い」

単調に思える日々にも浮き沈みはある。

ちょっとした仕事の区切りがついた日。

上司に日ごろのがんばりを誉められた日。

「今日の髪型、いいね」とか何とか言われた日。

そんな日を勝手に「マイ記念日」にしてしまう。そして、自分で自分を祝ってあげるのだ。

だって、私は本当によくやっているのだから。このストレスの多い世の中で、人並みに生きているだけで、大したものなのだ。

以前から気になっていたデパ地下の有名ケーキ店で「一個だけ」デザートを買って

きて、豆を挽いてじっくり淹れたコーヒーとともに食べる。

めったに行かないチーズ専門店で、店員の説明をうんと聞いて耳を肥やしてから、未知のチーズをほんの少しだけ買って、ワインを開ける。

最高級の中国茶を買って、工夫茶もどきを実践してみる。

そんな、いつもは誰かの誕生日とか、人を呼んだホームパーティーでするような「プチ贅沢」を、お気に入りの音楽をかけたり、ＤＶＤを見たりしながら、のんびりと楽しむ。

ここでポイントになるのが、「自分のためだけにやる」ということ。

家族や同居人がいる場合は、子どもなら寝静まってから。その他のメンバーに対しては「おすそ分け」程度でいい。「今日は私のお祝いなの」と、あくまで主役が自分であることを強調する。

ときどきだから、うれしい

そう、これは自分のためのお祝い、お祭りなのだ。

「もっとがんばれるはず」

「まだまだ、こんなんじゃダメ」

と、日ごろ自分に厳しい評価ばかり与えていないだろうか。

「私って、なんてダメなんだろう」

と思うことは多くても、

「私ってエライ！　がんばってるじゃん」

と思えることって、そう多くない。思える稀な機会があったら、すかさずお祝いをしてあげよう。


小さなお祝いで自分を景気づけるのは大切だ。というか、必要なことだ。だから、たまには家族や同居人に気をつかうことなく、自分のためだけに自分を祝ってあげたい。おそらく誰も、そんな「記念日」をつくってはくれないだろうから。

「景気づけ」は大切だが、それをコンビニのお菓子や発泡酒で、毎日のようにやっていてはダメ。特別な贅沢感もないし、それでは「自分を大切にする」というよりは「自分を甘やかす」ことになってしまうから。

自分のためだけにはちょっと躊躇してしまうような「やってみたいプチ贅沢」を、日ごろから心に温めておくといい。「特別な今日」のために。

第2章

毎日だからこそ、
ていねいにしたい食事のヒント

Chapter 2

01

43 minutes

「お料理上手」幻想は捨てよう

＊手の込んだものをつくる必要はない

ていねいな暮らしには、食がもっとも大切だと思う。
生きる基本である「食べる」ことをおろそかにして、衣・住だけていねいな暮らしというのは、カッコいいかもしれないが、根本的に間違っている。自分の食べるものは、できる限り自分で選んだほうがいい。

というと、料理上手で、何でも手際よくつくれちゃう人にならなきゃいけないような気がするけど、実際は「ノー」。

万人がお料理好きなわけじゃないし、お料理上手じゃなきゃいけない理由もない。いろいろな人がいるのだ。

ただ、そんな人でも、自分の食べるものには自分で責任を持たなくちゃいけないし、そのためには食への関心を持つことが大切だ。

つまり、自分の体にとって、いま何が必要か、その素材はかけがえのない自分の体を養い守ってくれるものかという、素材の選び方さえしっかりしていれば、少しくらい料理が大ざっぱでも大丈夫なのだ。

魚＝焼いただけ、野菜＝切っただけ、でいいじゃないか。信頼できるデリやパン屋で買ったお惣菜やパンを使うのも大いにいい。

なにも、毎日お料理雑誌に載ってるみたいなお料理をつくる必要はない。

とはいえ、人によっては料理ギライ・料理ベタが一種のコンプレックスになっている場合も少なくない。そんな人は、他人に料理を披露しなければならない持ち寄りパーティーやホームパーティーのような席がイヤだという。

以前、料理なんかしたこともない、ある女性タレントさんに聞いた話。意中の人に食事をつくってあげようと、料理上手のマネージャーに必死で特訓を受け、ある「セット」だけはなんとかつくれるようになった。

結果は上出来、彼女は見事、彼に「料理上手だね」と言わせたとか。

これでいいではないか。自分の得意料理だけをうまく編集した「○○子（名前）セット」をつくり、どんな場面でもこれでいく。

ワンパターンと言われても、おいしければそれでいいのだし、かえって喜ばれるかも。ムリしてあれもこれもつくれるようになる必要はない。

＊レパートリーは少しずつ増やしていく

お菓子づくりなんかケッ、という人が、ムリして製菓用具をあれこれそろえるのは空間のムダ。つくらないのなら、そんなものを買い集めるより（製菓用具は場所をとる！）、おいしいケーキ屋さんをたくさん知っていたほうがいい。

揚げものが苦手なら、それだけはおいしい天ぷら屋さんやトンカツ屋さんで食べよう。家でわざわざつくらなくたっていい。

多いのが、雑誌のお料理ページを丹念にファイリングしたり、料理本を買い集めてはうっとりと眺め入り、一向につくらない人。あれもこれもつくろうとしていると、ファイルばかりがどんどん増殖していく。

料理は苦手だけれど、少しは克服したい、レパートリーを増やしたいというなら、一度、一冊のレシピ本またはピックアップしたレシピ集を、最初から最後まできちん

と順々につくっていってはどうだろうか。

で、うまくいった料理については、何度も何度もつくる。分量を暗記するくらいに。一冊終わるころには、そのレシピ本はもういらない。全部頭のなかに入っちゃっているから。

日々の暮らしを大切に、気持ちよく過ごすために、食事が大切なのは間違いない。だけど、「料理上手にならなきゃいけない」という強迫観念みたいなものがあるとしたら、それは違うと思う。

手の込んだ料理を、季節はずれの輸入品ばかりでつくるなら、旬の地のものを、ごくシンプルな料理法で食べたほうがいいことだってある。

大切なのは、自分の食について無頓着にならないこと。旬を知り、産地を確かめ、素材を大切に、ムダにしない。それが、見た目が華やかな料理にならなくたって、気にしない！

「お料理万能幻想」は捨てましょう。

02

43 hints

究極の憧れは、電子レンジを使わない生活

＊「火」からできあがる食事の温かさ

電子レンジのない生活なんて考えられない。

というくらい、電子レンジを利用している人は多いと思う。私自身、ご飯や残りものを温めるのに、かなり電子レンジのお世話になっている。

最近では、電子レンジでつくれる、あっと驚くようなレシピがたくさん開発されていて、ますます電子レンジファンを増やしているようだ。

新製品の機能は年々向上しているから、「電子レンジで温めたものって、どうしてすぐ冷めるんだろう」とか、「電子レンジでつくった料理って、なんかおいしくない」というようなことは、いまはなくなっているのかもしれない。

これからは、何でもかんでも電子レンジでつくるようになって、ガス台なんかいら

なくなるのかもしれない。

でも、と思う。電子レンジを使わない暮らしって、ちょっとカッコいい。

義母（姑）は、キレイ好きで手抜きをしない、主婦のカガミのような女性。外食やインスタント食品は眼中になく、毎日三食、それはていねいにつくっている。

彼女のシミひとつない台所には、大きなガスオーブンが据えつけられており、シェパーズパイだの、鶏料理だの、お祝いの折りにはタイの尾頭つきだの、せっせと焼いては食べさせてくれる。

大きなオーブンで、ガスの火を使ってじっくり焼く義母の料理は、どれもパリパリ、しっとり、こんがりとしておいしい。

＊料理にかける時間を犠牲にしない

ところで私は、彼女が電子レンジを使うのを見たことがない。

実はその大型ガスオーブンは、切り替えスイッチで電子レンジ機能を使うこともできる。

けれど、私なら電子レンジで温めて出しそうなものも、彼女はフライパンで、オーブンで、蒸し器で温めて出す。ご飯は必ずそのつど炊き、次の食事に温め直したご飯を出すことはしない（残りご飯が出ないのがナゾ）。

レンジ調理を前提にした冷凍食品やインスタント食品は、最初から買ってこない。

「お義母さん、電子レンジ使わないの？（せっかくついてるのに）」

「う～ん、モゴモゴ、使わなくても大丈夫……」

どうも義母は、電子レンジ料理の味があまり好きではないらしい。食べるものをつくるには、やっぱり火に限ると思っているらしい。それに事実、電子レンジ機能を使わなくても、それほど食事の用意には支障がないようだ。

よくよく見ると、義母と義父（現在二人暮らし）の生活は、とてもゆったりとしている。

義父はまだ現役で仕事をしているが、昔よりはだいぶ仕事量を減らし、帰宅時間も早い。義母も、ボランティアや地域の仕事をかけ持ちしてはいるが、夫婦二人の食事にかける時間を犠牲にすることはしない。

「こういうのが、ていねいな暮らしっていうんだよな～」

電子レンジを使わない暮らし、少しずつ真似していきたいと思っている。

03

43 Hints

「一品だけ贅沢」でお腹も心も満たされる

＊手づくり・無添加の梅干しが高いワケ

無農薬野菜の宅配をはじめとして、いままでいくつかの生協や宅配を経験した。生協といっても、地域や理念によっていろいろな団体がある。値段も扱い品目も異なる。そして当然というか、無農薬野菜や無添加食品を多く扱う、安全基準の厳しいところほど高価だ。

いまや無農薬とか無添加とか、〝無〟いほうが高いのだからヘンな話だ。

でも、〝無〟が高価なのには理由がある。私はそれを「梅干し」で知った。

昔から梅干しは、実家の母の手づくり。ひとり暮らしをするようになってからも、いつも山のようにもらってきては、毎日一個ずつ食べていた。

ある日、その梅干しがなくなったので、初めて梅干しをスーパーで買った。それを、翌朝ひと口食べた私は、ビックリ！

まずーーーーーーい！

別に、私はグルメなんかではない。出されたものは何でも喜んで、残さず食べるほうだ。その私が、まずくて食べられない梅干しって、何だ!?

容器を見ると、ちゃんと和歌山県産の梅使用と書いてある。紀州の梅だったら、おいしいんじゃないの？

さらに原材料名を見ると、……長い。梅干しなのに材料が多い。カタカナやアルファベットが書いてある。実家の母は梅の他は、塩とシソしか入れてないのに。

首をかしげながら、スーパーの近くにある古い乾物屋に入った。ここにも梅干しはたくさん売られている。だがその値段が、高い。原材料名が「梅・塩」だけのものを探すと、それはさらに高かった。

「どうして、材料が少ないほうが高いんですかね？　梅干しって、梅を塩で漬けて干せばできるんでしょ？」

乾物屋の主人に尋ねると、彼はニッと笑った。

「時間だよ。時間がかかるんだよ。塩で漬けて、シソを加えてまた漬けて、引き上げて並べて、梅雨の合間に土用干しする。その手間の値段なんだよ、こっちのは」

目からウロコとはこのことを言うのだろう。そのとき初めて、私は知ったのである。そうか！　この世でいちばん高価なのは、いまや「時間」なんだ！

＊「これだけはゆずれない」ものには妥協しない

高い梅干しを買って帰り、スーパーの梅干しは捨て、私は決意した。

貧乏しても、梅干しくらいはちゃんとしたものを食べよう。

梅干しに関して妥協をしなくなった私は、次第に他の食品にも気をつけるようになった。加工食品は、必ず原材料名を確かめる。体に悪いからというより、マズイから。すると、梅干し同様、原材料名の欄が長いものは買わないようになる。

おいしいものは、少ない材料でできている。少ない、質のよい材料と、原材料名の欄には書かれない、つくり手の貴重な時間と手間ひまでできている。

無農薬、無添加の〝無〟は、膨大な「時間」のことだったのだ。

もちろん、食費は有限なので、何から何まで完璧に、安全な食材でそろえることはむずかしい。でも、「この一品だけはゆずれない」という食材があることは、自分の

食生活の安全基準を守るうえで必要なことじゃないかと思う。

私にとってはその「一品」とは、梅干しだった。

その「一品」は人によっては、安全基準とは離れたところで、おとり寄せの佃煮だったり、有名店の松坂牛だったり、味そのものを追求することかもしれない。もちろんそれでもいいいと思う。

本当においしいものは、時間をかけてつくられているから。そして、時間がかかっているものは、安全である可能性もかなり高いから。

「粗（素）食」のよさが次第に認識されつつあるいま、食生活の中心は安全な穀物と野菜、植物性たんぱく質を中心にし、肉、魚といった動物性たんぱく質は、安全な品を少しだけとるようにすればいいいと思っている。

そして、基本の調味料（味噌、しょう油、塩、砂糖）には、高価でもちょっと贅沢な「本物」をそろえる。

それを少しだけ使うようにすれば、あまりコストを気にせず、しかも自然と薄味の健康的な食生活が完成するんじゃないだろうか。

04

43 Hints

基本の食べ物こそ、ていねいにつくる

*炊きたてのご飯とお味噌汁さえあれば！

以前、インドに行ったとき、列車のなかで会話したインド人ビジネスマンの言葉が忘れられない。

「出張で香港に行きましてね、初めて日本料理店に入り、サシミとヤキザカナを食べたんですが、何ですかありゃ!? あれは料理じゃない。切っただけ、焼いただけじゃないですか！」

と、鼻で笑われた。おかしくて、こちらも笑いをこらえきれなかった。

そのとおり！ 炊きたてのご飯にお味噌汁、焼き魚に青菜のおひたし、それに冷奴のひとつもあれば献立が完成するのが、和食のいいところ。実にカンタンだ。インドの主婦に申しわけない。

「和食」というと、「面とり」「隠し包丁」「桂むき」とか、カツオ節一片もおろそかにしちゃいけないとか、なにかモノモノしい、むずかし～いイメージが漂うが、いいじゃない。私たちは料亭の板前じゃないんだから、「ご飯とお味噌汁」さえちゃんとつくれれば。

毎日必ず食べるご飯とお味噌汁さえおいしくつくれれば、毎日の暮らしの質はグンと底上げされる。「たいしたものは食べてないけど、それが一番おいしい」なら、それはとても幸福なことだ。

＊鍋炊きご飯のおいしさは全然違う

そんなご飯を食べるために、たまには電子炊飯器ではなく、鍋でご飯を炊いてみてはどうだろう。

電子炊飯器で大ざっぱに炊いて、それを今日も明日も保温して食べるご飯にはない、楽しさとおいしさがあるから。

最近、「土鍋で炊いた白いご飯」が出てくる高級和食店に人気が集まっている。同時に、炊飯用の土鍋がよく売れている。ひとり用のものも人気があるという。

火の回りがやわらかくて保温力のある土鍋で炊いたご飯は、ふっくらとしてそれはおいしいのだ。ときに出るおこげも、おにぎりにすると絶品だ。

私も鍋炊き派歴一〇年で、炊飯器は使わない。最近の炊飯器の優秀さは認めるが、それでも、「火」を使って炊いたご飯には、電気のそれとは明らかに違うおいしさがある。

それをサワラ材のお櫃《ひつ》に移すのだが、お櫃に移すとご飯はさらにおいしくなり、時間がたってもパサパサせず、しっとりふっくらが長持ちするのだ。お櫃には各種あり、こちらも少人数用が売れているとか。

＊質素だけれど、最高の食事

お味噌汁も、とりたてて凝ったダシとりをしなくたっていい。前夜に煮干しを人数分、鍋の水に放り込んでおくだけ。

ただその煮干しは、酸化していないもの、防腐剤などが使われていない質のよいものを選ぶこと。ひまなときに二つに裂いて、頭とハラワタを除いておくこと。

そこに季節の野菜などを入れてつくるお味噌汁には、きちんと時間をかけて醸造された味噌を選んで使うこと。味噌を入れた後は煮立てない。

これだけで、おいしいお味噌汁のできあがりだ。

いい素材を選ぶ。

一品一品をきちんとつくる。

そして、つくりおきせず、つくりたてを食べる。

どれもカンタンなことだけど、気持ちにゆとりをもって臨まないと、できないことかもしれない。平日の朝はムリでも、週末の朝食だけでも、ちょっとだけ手間をかけた〝まっとうな〟食事、つくってみてはどうだろう。

炊きたてご飯にお味噌汁、せいぜいそれに梅干しと焼き海苔。見た目は質素だけれど、静かな気持ちで食べる献立が、実は一番のごちそうかも……。

015

43 hints

週に一回、ゆっくり時間をかけて料理する

＊平日のあわただしさで荒れた心と体をリセット

時間との戦いである平日、料理にはなかなか時間をかけられない。

朝はパン、昼は外食、夜はデパ地下で買ったお惣菜とパックご飯に、フリーズドライのお味噌汁。

栄養素的には不足がないように気をつかって食べているのになぜか、いつも何かが足りていないような気がする。だからそこにサプリメントを流し込む。ビタミン、カルシウム、鉄分……。それでもまだ、何かが足りない……。

そんな気がするなら、サプリメントを補うよりも、「時間」を補おう。

その食事に足りないのは、ビタミンでもカルシウムでもなく、「時間」なのだ。

つくることも、食べることも、その気になれば分単位ですますことができる。つく

らなくたって、お金を出せば何でも買える。極端な話、点滴やチューブ栄養だって生きてはいける。

でも、時間がもったいないと、かき込むような食事では「ものを食べる」行為というより「栄養素を摂取する」行為になってしまう。

同じように、「食べられればいいだろう」とばかりに、レトルトの封を切るだけ、冷凍品を温めるだけ、という「料理」ばかりしていると、生きるためにもっとも大切な「食」をおざなりにする罪悪感からか、だんだん心がすさんでくる。

「時間をかけてゆっくりと食事を」というのはよく聞かれる言葉だが、つくることのほうにもたまにはたっぷりと時間をかけてみたい。

もちろん、平日に役立つ「つくりおき」ができるという意味もあるが、時間をかけてつくることには、むしろそういう実用面よりも、「癒し」効果があるような気がしてならない。

普段は使わない材料を使ったり、いつもなら省略してしまう過程を踏んだりして、ちょっと手のかかる料理をつくることが、平日のあわただしさに荒れた心と体をリセットしてくれるのだ。

✳ 無心に集中する時間があってもいい

たとえば、豆を煮る。前の晩から準備しておいた豆を、時間をかけてコトコト煮る。タイマーをかけておけば、本を読みながらでもできる。

煮抜き豆をつくっておけば、いろいろな料理に利用できる。煮豆でも、ポークビーンズでも。豆の煮える音はのどかで平和だ。

パンを焼くのもいい。自家製パン愛好者は多いが、あれはパンの味そのものと同時に、「パンをこねて焼く」という行為が好きなのだと思う。

たしかに、粉を練ってはまとめ、練ってはまとめる作業や、パンの焼けるふんわりしたいい香りには、心を落ち着かせる何かがある。

ヒコイワシのワタを一匹一匹とり除いて、オイルサーディンをつくる。

こんな、むしろ単調で時間のかかる、そして集中力を要する作業が、いつの間にかゆったりした気持ちを引き出してくれる。スパイスや調味料の香りに包まれているうちに、イヤなことも忘れられる。

そして、じゅうぶんに〝充電〟できたら、また次の一週間をがんばる原動力になるはずだ。

Flower

06

43 Hints

ハッピーな気分になれるカンタンお菓子づくり

✻キッチンに漂う甘い香り

「お菓子を自分でつくる」というのは、日ごろ忙しい人のちょっとした憧れかもしれない。

お菓子という、夢のある食べ物をつくる時間は、優しく優雅な気分を与えてくれる。甘い香りが漂う台所で焼き上がりを待っていると、幸せな気持ちでいっぱいになる。

それに、自分でつくれば、材料も工程も全部わかっているから安心だし、砂糖やバターの量もある程度調節できるし……。

ただ、食事と違って、つくらなくてもすむものだし、レシピを見てちゃんと計量しなければならない、材料や道具がそろっていなければできないなど、お菓子づくりのハードルは少々高い。

そのハードルを下げるのは「家にあるものだけでできるシンプルなレシピ」だ。

ケーキに関しては「ふくらまないとイヤ」という向きも多いけれど、卵の力だけでふくらませるケーキは出来不出来がある。

それがお菓子づくりを「特別なこと」にしてしまっているのだったら、そういうケーキはプロがつくったものを食べればいいと思う。

自分でつくるなら、失敗が少ない焼きっぱなしのケーキでいい。ひとつのボウルでできるなど洗い物も少ないから、気負いなく始められる。日持ちがするので、つくりおきもできる。

リンゴケーキ、プラムケーキなど焼きっぱなしのケーキなら、ケーキ型を持っていなくても、クッキーの空き缶でじゅうぶん代用できる。

ベーキングパウダーで焼き上げるマフィンやスコーンなら、つくろうと思いたって一時間以内にできあがる。マフィンは紙の焼型でも、プリン・ゼリー用のアルミ型でも焼けるし、スコーンにいたっては型さえいらない。

見た目はちょっと地味だけれど、売っているお菓子にはない素朴な味わいがある。こんなお菓子の焼きたてを、冷たいミルクで食べるのは楽しい。

＊できばえを気にしなくていいものがベスト

最近人気の和風やアジアンデザートだって、むずかしいものをつくることはない。カンタンな割りに満足度が高いのは、「白玉」と「タピオカ」。

缶詰のあん、黒ゴマペースト、黒蜜やココナッツミルク、フルーツを組み合わせれば、少々形が不格好でもおいしく食べられる。食後にピッタリだ。

カンタンにできるお菓子なら、ちょっと甘いものがほしいとき、ちょこちょこっとつくれるし、焼き菓子などが一度にたくさんできたら、ビンや缶に入れて常備してもいい。それをかわいくラッピングすれば、友だちへの手おみやげにもなる。

ところで、お菓子づくりのハードルになっていることのひとつが「計量」だと思う。つくるのはいいとして、あの「はかりで計る」作業が億劫で……という人も多いはず。

そこで、計量カップと計量スプーンのみの、はかりのいらない計り方を。

☆小さじ1＝5ml
☆大さじ1＝小さじ3＝15ml

Cooking
Butter

☆1カップ＝200ml
★牛乳：1カップ＝210g
★砂糖：1カップ＝約100g
★小麦粉：1カップ＝約100g

お菓子は分量を正確に、とよく言われるけれど、クッキーぐらいなら目分量で十分つくれてしまう。

バターに砂糖と小麦粉を混ぜ、このぐらいかな？　というところまでこねたら、丸めて平たくしたものを焼けば、たいがいクッキーになるから大丈夫。

たまには繊細な、凝ったお菓子をつくるのもいいけれど、「いつもつくる、普段着のお菓子」が日常の暮らしにあるほうが、毎日がずっと楽しくなると思う。

第3章

家に帰るのが待ち遠しくなる部屋づくりのヒント

Chapter 3

01

43 Hints

お気に入りの空間に身をおく幸せ

＊住むところは暮らしの土台

暮らしを大切にするうえで、住むところはとても大切だ。

気持ちよく暮らせる家に住んでいるか否かで、生活の方向は一八〇度変わってくる。

たとえば、使いづらかったり、いつも散らかっていたりと、どうにも居心地の悪い、帰っても楽しくない家に住んでいたら、家にいるより外に出かけたいと思うだろう。レストランで食事をし、繁華街で遊ぶ。――華やかな気分で楽しいけれど、落ち着かない暮らしだ。お金もかかる。

反対に、いつも気持ちよく片づいていて、大好きなものがたくさんある家に住んでいたなら、早く家に帰りたくなるし、わざわざ外に出かけなくても、家で過ごす時間が楽しくなるだろう。

家で食事をつくって食べ、趣味を楽しみ、友だちも家でもてなす。地味かもしれないけれど、落ち着いた、ゆとりのある暮らしができるはずだ。

私が社会人になりたてのころに住んでいた部屋など、老夫婦の暮らす家の二階に間借りした、たった六畳の和室だったが、ものも少なかったし、使い勝手のいいレイアウトにできたこともあり、部屋で過ごす時間が長かった。

自分史上、もっとも居心地のいい部屋だったと記憶している。

＊居心地のいい部屋とは？

「住むところが大切」といっても、広い家、新しい家、立派な家（不動産価値的に）であることが大切なのではない。

その家を舞台にして、どれだけ自分らしい、居心地のいい空間をつくれるかが大切なのだ。

居心地のいい部屋をつくるにはもちろん、インテリアは大切な要素だが、「インテリア＝ステキな家具をそろえること」ではないと思う。

○○スタイルのステキな家具を一式そろえれば、この部屋だって住み心地がよくなるはず――。さあ、それはどうだろう。

以前、インテリア・建築の専門家たちの話を立て続けに聞く機会があった。そのなかには、ご自宅に伺って話を聞く、というものもあった。

インテリアのプロの家は、意外にも、○○スタイルでそろえられてなどいなかった。家具もブランド品ばかりではなく、むしろバラバラ。なのに、そこは見事に「あるテイスト」に統一されていた。

その「テイスト」とは、他でもない「住み手のスタイル」である。

そこに住む人がどんな人か、何が好きか、どんなことに価値を置いているかがわかる部屋。つまり、自分の好きなものがハッキリしている人の部屋だ。そんな部屋は、いかにも居心地がよさそう。

✳︎部屋づくりは「自分の好きなもの」を知ることから

好きなものがハッキリしていると、なぜ居心地のいい部屋ができるのだろう。

まず、テイストが自分のカラーに統一されていること。一見バラバラに見えても、ものがその人独自の視点で編集されている限り、ちぐはぐにはならない。

そして、好きなものがハッキリしていると、自然とものの数が制限されてくる。好きでないものが最初から排除され、好きなものしか残らないからだ。

私はもともと直線が好きで、アールのあるものや、やわらかなシルエットのものは受けつけない。そのため、どんなにステキな家具や雑貨に出会っても、それが「曲線」の要素を持っているものだと、まず買うことはない。

反対に、好きなものは大切に扱うし、キレイな状態を保てる。頻繁に使いもするので、整理整頓しやすく、掃除もラクになる。

私は若いころ転々と引っ越しをしたが、そのたび訪ねてくる友だちに、

「あんたの部屋、どこに引っ越しても同じだね〜」

と言われた。自分の居心地のいい、使いやすい部屋をつくろうとすると、結局いつも同じレイアウトになってしまう。きっとそれが、私にとっていちばん自分らしい、おさまりのいい「私のカタチ」だったのだ。

自分の持っているものの量、自分の好きな姿勢にちょうどいいカタチ、それを知ることも、居心地のいい部屋をつくる条件だと思う。

02

43 Hints

おしゃれアイテムを飾る前に、ものを減らす

＊ものが少ない部屋はだんぜん居心地がいい

別段、すごくおしゃれなブランド家具があるわけでも、インテリアに凝っているわけでもないのに、居心地がいい家に共通するのは、「絶対的なものの量が少ない」ことだ。

ものが少ないと、片づけも掃除もカンタンだ。だからいつも片づいているし、ホコリもたまらない。圧迫感がないから、ほんの少し飾ったものもよく映える。

もちろん、ものがたくさんあっても居心地のいい部屋というのもあるが、そういう部屋の持ち主は、それだけのものを上手に管理する才に長けているから。その能力がない人がものだけ増やすと、悲惨なことになる。

普通の人が、片づいた居心地いい部屋を手に入れようと思うなら、おしゃれなもの

を買ってくるより前にまず、ものを減らすほうが先決だ。

もっとも、「ものを減らす」なんてカンタンに言うけれど、これ、すごーく大変なこと。ものには、一カ所にとどまりたがる性質がある。いったん家のなかに入ったものには、たちまち根っこが生えるのだ。

買ったりもらったりするのはあんなに楽しくカンタンなのに、いったん家のなかに入れたが最後、ものを移動すること、とくに外に出すのがあんなに大変なのは、そのせい。

そこで、いまあるものを減らしたいと思うのなら、場当たり的にではなく、できるだけ計画的に実行することが大切だ。

私は、年末が近づいたり、暮らしが煮詰まってきたなと感じると、「もの捨て月間」を実施することにしている。

部屋別にシートをつくり、「捨てるもの」をピックアップする。そして、「処分の方法（粗大ゴミ、燃えるゴミ、あげる、売るなど）」「処分の日にち」「費用」などを処分するものごとに書き込み、それに従って処分するのだ。

＊処分するときのことを考えて買おう

何年か前に大々的にそれをやって、「もうこれ以上捨てるものはない！」と確信したことがある。「もう今後、捨てるようなものは家に入れない！」とも。

しかし一年後、やっぱり捨てるものは出てきた。そのなかには、一年前は「これは絶対必要だ」と思っていたものも含まれていた。

結局、毎年のように、処分するものは出てくる。何が必要で、何が不要かなどは、そのときどきで大きく変わってくる。

本当に暮らしのスタイルが完成されて、これ以上動かしようがないというところにくるまで（そんな日が来るかは不明）、暮らしが生きて動いている限り、何かしら処分するものは出てくるのかもしれない。

処分するものはなくならない。それなら、せめてそれらが「単に捨てられる」ことのないようにしたい。そのためには、次の人に使ってもらったり、違う形に生まれ変わったりすることが可能なものだけを使うように心がける。

他の人にバトンタッチできないようなものは、持っていてもやっぱり、身のまわりをゴチャゴチャさせるものだから……。

03

43 minutes

シンプルに徹すると部屋はセンスアップする

＊片づけベタで掃除ギライの人こそシンプルに

そうはいっても、人によってはものを減らせない理由がある。ことさら狭い空間に住まなければならない人だっている。

そんな場合も、やり方次第では部屋をすっきり広く見せることは可能だ。ここでは、部屋をシンプルに広々とさせるための、いくつかの法則を紹介しよう。

◆色は白系を

部屋を広く見せたいなら、床、壁、天井といった広い「面」には、できるだけ白かそれに近い淡い色を多用する。大きなはっきりした柄は狭く見えるので、無地か、淡い色で小さな模様や地模様を選ぶ。

家具や照明器具も、白っぽい背景に馴染むよう、白系または無色透明に。

◆重ねられる、兼用できるものを選ぶ

スタッキング（重ねる）がきく椅子やスツールなら、たくさんの数を持っていても、重ねて部屋の隅に置いておける。カゴや箱などの収納用品や食器も、重ねることができるものを選ぶと、たくさんの数を持つことができる。

また、ネストテーブルのように入れ子になるものも、使わないときはいちばん大きなものにその他を収めておけるので便利。鍋やボウルなど、いくつかのサイズが必要なものもこれがおすすめだ。

また、ひとつの目的にしか使えない単機能のものはなるべく置かない。構造や形が単純なものほど、いろいろな目的に使えることが多く、目的が変わっても使い続けることができる。

◆規格を統一する

食器や文具、収納用品など、同じものを複数持つものに関しては、色、形、大きさ

を統一することが大切だ。見た目はもちろん、そろっていると使い勝手がいい。

私は、ノートやファイルは「無印良品」で統一している。小さなもの、数の多いものほど、これを徹底したい。

大きなものや、ひとつか二つしか必要ないものについてはこの限りではない。見た目をそろえるためには、古くから広く使われているメーカーの定番ものが便利だ。

◆平面をたくさん見せる

広く見えるコツは、「フラットな面をたくさんつくる」ことだ。「床、壁、天井」をなるべく分断しないよう、家具は天井まであるものか、視線をさえぎらない程度の高さに抑えるかいずれかに。

天井づけの照明も小さめの存在感のないものを選ぶ。床は、何も敷かないか、全部敷きつめるかのどちらかにし、ラグなどを敷いて床の面積を分断しないようにする。

家具はできるだけ凸凹をつくらないように並べ、とくに家具の前面はフラットにそろえておきたい。床がたくさん見える＝家具が少ないということなので、できれば家具の数は極力減らす。

色は白系を

スタッキングできるものを

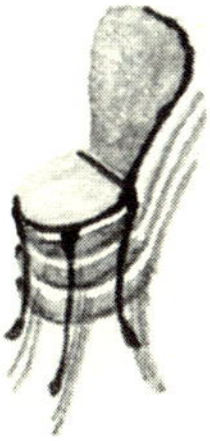

収納用品を統一

平面をたくさん見せる

いちばん避けたいのは、そのときどきに思いつきで買った小さな収納家具があちこちに置かれていること。これらはクロゼットのなかで使うなど、目立たない場所で使ったほうが無難だ。

片づけベタで掃除ギライの人こそ、部屋はシンプルにしたい。

ただ、シンプルに徹するあまり、殺風景になってしまうのも淋しい。シンプルだからこそ、飾ったものもよく映える。大好きなものをひとつ、二つ置くことは、心をなごませ、自分らしい空間をつくってくれる。

04

43 hints

雰囲気にひたるための照明づくり

＊白熱灯の間接照明でやわらかい部屋に

雑貨を飾ったり、ファブリックをコーディネートしたり、インテリアに力を入れているのに、照明がひと部屋に一灯だけしかないと、「惜しいな～」と思う。

最近はずいぶん変わってきたけれど、照明というと、天井から吊るした蛍光灯のペンダント……という家、まだまだ多い。でも、それって何か「実家」みたい。

昼間忙しく働いて、家にいるのは平日は夜だけという人にとって、照明は実はすごく大きな影響力があると思う。

蛍光灯って、隅々まで明るく照らしてくれるし、あんまり熱くならないし、電気代も安くてすむんだけれど、光が平板で寒々しい。なにしろ、学校やオフィスやスーパーと同じなんだから。

つまり、あれは働くための灯りで、くつろぐための灯りじゃないということだ。昼間、蛍光灯の下で働き、蛍光灯に照らされたスーパーやコンビニで買い物して帰ったら、家ではもっとやわらかな灯りを楽しみたい。

家にいるときまで仕事モード、消費モードでは、神経が休まらない。家でゆっくりくつろぐなら、だんぜん、白熱灯の灯りの勝ち。

蛍光灯みたいにピカピカ明るくないけれど、暖かい色とやわらかな光は、疲れた神経を休めるのに最適だ。家で仕事するわけではないなら、隅々まで明るく照らす必要もないでしょう。

天井に一灯というのではなく、天井近くの壁にひとつ、家具のうえにひとつ、床のうえにひとつといった具合に、二〜三カ所に分散させる使い方がいい。直接中央に向けず、天井に向けたり、壁に当てれば、雰囲気ある間接照明に。

こうすると、狭い部屋もなぜか広く見えるし、いつもと雰囲気がまったく変わってくる（それに、この部屋で鏡を見ると、誰でも美人になるのだ！）。

いっぺんに照明器具をそろえなくても、手持ちのスタンドやクリップライトを利用すればいい。暗いところでは光だけしか見えないし。

ただ、同居人に男性がいる場合、こういう照明への抵抗が激しいかもしれない。なぜか男性は天井づけの蛍光灯が大好きだからだ。

その場合、無理に撤去せず、知らんぷりして中身だけオレンジ系の電球色の蛍光灯にチェンジしてみる。これだけでも、雰囲気はずいぶん変わる。

まずは寝室かリビングで、白熱灯の雰囲気を試しては？

＊キャンドルの光も心を落ち着かせてくれる

電球もいいけど、キャンドルも忘れちゃいけない。もっとリラックスしたいなら、キャンドルのほうが一枚上手《うわて》だ。

最近ではいろいろな色や形、香りのついたものまで、さまざまなキャンドルが出回っていて、見るだけでも楽しめる。キャンドルホルダーにも美しいデザインのものが多く、雑貨での扱いも増えているようだ。カンタンなキットも売っているから、自分オリジナルのキャンドルをつくってみても楽しい。

疲れたときやイヤなことがあったとき、自分をとくに勇気づけたいとき、電気の代わりにキャンドルを灯してみよう。揺らぐ小さな炎を見つめているうちに、ざわついた心が静まるのを感じるはずだ。

ちらちらと燃える炎には、電気にはない癒し効果がある。眺めていると心が落ち着くし、火を囲む人たちは素直に打ち解け合う。火には人の心をくつろがせる、何かがある。

最近クローズアップされてきたイベントに、「一〇〇万人のキャンドルナイト」がある。スローな暮らしを提唱する人々や団体が中心になって、夏至と冬至の夕べを、電気を消してキャンドルだけで過ごそうというもの。

夜通しピカピカと明るい自動販売機も、コンビニも、便利なんだけど美しくはない。そして、どちらもものすごい明るさの照明を使っている。あんまりな明るさは「買え！」「働け！」と言っているみたいで、ちょっとコワイ。

二四時間化してしまった現代。どんな時間にどこへ行っても、バカみたいに明るい。これってどうなんでしょう。

自分の家でくらい、ぼんやりした灯りで、のんびりしませんか？ ちょっとほの暗いくらいが、ホコリも目立たなくていいでしょ。

015

43 Hints

家中に「いい香り」を漂わせよう

＊まず換気で室内の匂いをニュートラルに

家には、独特の「匂い」がある。老人世帯だと、お線香や薬の匂い。赤ちゃんのいる家では、部屋干しの洗濯物の匂い。

ひとり暮らしのころ、私の部屋に友だちが遊びにくると、「あんたの家、いつもスパイスの匂いがする」と言われた。香辛料をたくさん使う食生活の反映だろうか。家の匂いには生活感が漂う。

この匂いが、焼きたてのパンの匂いだったり、玄関に飾られた花の香りだったりすると、一挙にその家のポイントはアップ。住んでいる人も感じがよさそう！

自宅のドアを開けたとき、いい匂いが漂ってきたら、疲れも吹き飛ぶし、「我が家が一番……」という幸せな気持ちになれる。いい匂いで毎日自分を迎えてあげたい。

家のなかにいい匂いを漂わせるためには、お香やアロマオイルを置くより先にするべきことがある。換気と脱臭だ。

日中家にいないことが多い家は、なかなか換気をする機会がない。ドアを開けた瞬間、「何、この匂い？」と思っても、バタバタと片づけなどしているうちに鼻が匂いに慣れてしまう。そうすると、換気の習慣がなくなってしまうので、意識して換気をするようにしたい。

カビ臭い部屋や、空気のよどんだ部屋に、どんな香りを置いても逆効果。かえって気持ち悪い匂いになってしまう。だから、冬でも一日数回は窓を開け放ち、家のなかに風を入れよう。

＊エッセンシャルオイルの楽しみ方

市販されている芳香剤には、きつい、安っぽい香りの合成香料が使われているものが少なくないので、同じ香りを漂わせるなら、ちょっと高価だけれど「エッセンシャルオイル」を使ってみると、格段にリッチな香りが楽しめる。

アロマランプを持っていなくても、照明のカサに一滴落としたり、コットンに一滴落とした玄関の片隅に置いたりすれば、カンタンに香りが楽しめる。ウォツカや水に混ぜてルームコロンをつくったり、コットンに含ませたものをクロゼットにしのばせるといった使い方もできる。

「トイレの香り」「お部屋の香水」など買わなくても、エッセンシャルオイル一本あれば、いろいろな場面でいい香りが楽しめるので、かなりお得だ。

天然の香りが一番ステキ

花の香りもいいけれど、家のなかでは、料理をしたり食事をしたり、しょっちゅう食べ物の匂いが漂うことになる。

だから、「花系」の香りは玄関や洗面所などで主に使って、ダイニングやリビングのような、台所に隣接することの多い空間では、「食べ物系・飲み物系」を使うほうが馴染みやすい。つまり、果物やコーヒーなど口にするもののこと。

エッセンシャルオイルにも、レモンやオレンジ、グレープフルーツのようなものがあるけれど、ダイニングやリビングには、本物の果物を置きたい。

いろいろな果物をカゴに盛っておくと、目にも楽しいし、いい香りが楽しめるし、

玄関や洗面所など

ダイニングやリビング

最後には食べられるので気に入っている。花と違って水替えもいらないので、忙しい人にはうってつけだ。

ところで、私はコーヒーが好きで、カフェに入ったときに漂うコーヒーの香りをいつも楽しみたい。そこで、家でもコーヒーの香りのお香を愛用している。さらに、コーヒーを自分で焙煎すれば、もっとカフェみたいな匂いに近づけるのでは？　ということで、以前カフェで見つけた小さなコーヒーの手煎り器がほしいと思っている。

ところで、私の経験上、いい香りのする家はたいていキレイに片づいている。部屋に上がらなくても、玄関を開けた瞬間にわかる。

忙しさに流されていれば、毎日の掃除洗濯をこなすだけでもいっぱいいっぱい。でも、香りにまで意識を向けられるゆとりがあるということは、家事もゆとりをもってクリアできているということだから。

そこで、まず先に、いい香りで家を満たしてしまってはどうだろう？

香りは直接脳に働きかけるという。いい香りのする部屋で、くつろいだ気持ちになれば、家事に汲々《きゅうきゅう》とすることなく、ゆとりをもって片づけられる……かも！

06

43 Hints

リネンの心地よさは忘れられない

＊肌に直接触れるものの素材にはこだわりたい

「リネン」には二通りの意味があり、ひとつはシーツやタオルなど、家庭内で使う布類の総称。もうひとつは、麻の一種である「亜麻《あま》」とそれでつくった布地のこと。

最近、この「亜麻」のほうのリネンを使う人が増えている。

リネンのよさは、その吸水性と乾燥の速さ、綿の二倍ともいわれる丈夫さにある。

使い始めはちょっとゴワゴワとかたい手触りだが、何度も水を通すうちにフワフワとやわらかく、驚くほど水を吸うようになる。そのくせ、重みのある布はきちんと畳むとしゃっきりフラットになり、重ねて置いたたたずまいが気持ちいい。

そんなところが、リネンの人気の理由だろう。

リネンのシーツや枕カバーは、暑い季節には最適だ。熱がこもらず、しゃっきりとした肌ざわりで、湿度の高い夜も気持ちよく眠れる。

リネンの布巾（キッチンクロス）は最近よく売れているそうで、それもそのはず、吸水性がいいのでお皿がたくさん拭けるし、びしょびしょになっても洗って吊るしておけばすぐ乾く。

また、繊維が残りにくいので、グラスを磨くのにも適している。丈夫なので、布巾のくせに（？）いつまでも長く使える。綿のように毛足が長いものではないが、タオルやバスローブも、同じ理由で使い心地がいい。

ヨーロッパにアンティークリネンというものがあることを知ったとき、「タオルやシーツを孫の代まで使う!?」と驚いたものだが、リネンならそれは大いに可能なのだ。

漂白していないリネンは生成りベージュというか灰色で、一見冴えないが、洗濯を重ね、長く使い込むうちに、だんだん白く、繊細な風情になっていく。

＊清潔で長持ちするリネンを一枚ずつ

リネンを長く使うことを可能にしているのは、その丈夫さとともに、汚れ落ちのよさだ。

赤ワインやしょう油をこぼしたら、水か炭酸水をかけておき、洗濯して日に干せばシミにならない。テーブルクロスに汚れよけのビニールのカバーをかけると、わびしい雰囲気が漂うが、リネンならカバーなしでも惜しげなく使える。

リネンの心地よさを知って以来、我が家のシーツやタオルに少しずつリネンが加わるようになった。

少しずつ、というのは、綿と比べてかなり高価だから。とくにシーツなどはそうそう何枚も買えないので、一気にチェンジ！　とはいかないのがもどかしいけれど、まあ気長にいこうと思っている。

ただ、乾燥が速いので、枚数が少なくても十分対応できる。梅雨時に部屋干ししても、綿と比べるとかなり乾くのは速い。そのうえ丈夫ときているから、一度そろえれば、あとはかなり長い期間使えるということを考えると、いちがいに高価といえないかもしれない。

手に入りやすい生成りベージュのリネンは、ちょっと無骨でとっつきにくいと感じたら、白い（赤、青でも）ステッチで好みのパターンを少し刺してみると、自分らしくなってステキだ。

07

43 Hints

ちょっぴり「手づくり」気分を味わいたい！

＊半日でできる、ちょっとした小物がいい

「自分らしい暮らしをつくる」って、この世に「自分印」のものを増やすことじゃないかなあ、と思う。

自分が選んだ、自分が好きな、自分がつくった、そういう「自分の息のかかった」もので周囲を囲むことで、居心地よくなるし、安心する。

だから、「手づくり」に憧れる人が多いのだろう。

実際、刺繍や編み物、キルトなど、日常に「手仕事」がある人って、とっても優雅に思える。日常のひととき、無心に手を動かす時間があるって、とても豊かなことだ。

手芸本など見ると、自分もやってみたい気持ちは山々だけど、

「仕事と家事だけでいっぱいいっぱいなのに、そんな余裕なんてないし……」

ちゃんとした洋裁や手芸の技術も知識もないし、ちゃんとした作品に仕上げるのに時間も費用も労力もかかる気がする。だから手を出さない——？

「ちゃんとした」作品をつくろうとしなくたっていい。空いた時間にちょこっと手を動かせばすぐに仕上がるレベルの「手づくり」なら、誰でもいますぐできる。

目安は「半日でできる」＆「食卓のうえでできる」こと。

何日にもわたって作業しなければならないのはダメ。

部屋いっぱいに広げて作業しなければならないのもダメ。

短時間に、狭い空間でできるものに限定して始めよう。それなら、気軽に始められて、すぐに完成するから、達成感もあるし、準備や片づけが面倒、ということもない。

忙しい生活をしている人なら、「コツコツ大作を」より「ちょこちょこ小物を」が合っている。

＊「自分ブランド」をつくる

おすすめは、「リメイク」。

さんざん着古して、もう人前では着られないけれど、愛着があって捨てられない服を、刺繍やアプリケなど、ちょっとした手仕事を加えてよみがえらせる。

伸びたTシャツ二枚を合成して、新たな一着をつくるとか、きつくなったジーンズを開いて布を足し、スカートにするとか。

チープでプレーンな服（無印良品やユニクロ？）に、手持ちの布やボタン、ビーズを足して、オリジナルの一着に仕立てるとか。

古い枕カバーやハンカチ、シーツを利用して、エコバッグに変身させるとか。

いまあるものをちょこちょこっと細工して、どこにも売っていない自分だけの一品をつくり出す。ある程度の形は最初からできているから、加工の手間は大したことないし、失敗してもリスクは小さい。

これなら、ミシンを出さなくても、特別な材料がなくても、自分のアイデアだけでササッとつくれそう。

もちろん、手芸書などを見れば、「ちゃんとした」やり方が一から解説されているので、そういうものを読んでからとりかかったほうが、よりキレイに丈夫に仕上がるのはわかっているけれど、

「とりあえずつくりたい！」

「理屈はいいからやってみたい！」

という私みたいな人には、何も見ないでいきなり挑戦するほうが合っている。

案外うまくいくものですよ。というか、「正解」がないのだから、なんとなくイメージした通りになればそれでいいのだ！

キルトに憧れる人も多いけれど、型紙をとって、同じ大きさに切りそろえて、同じ向きにズレのないようにピシッと縫って……という作業は、「ちょこっと手仕事派」にはかなり高いハードルだ。

そんな人には、「とにかく縫っちゃえ！　余ったら切っちゃえ！　足りなきゃ継ぎ足せ！」という、恐ろしくアバウトな方法論が逆に魅力な「カオハガン・キルト」方式をおすすめする。

フィリピンのカオハガン島に住む日本人キルター・吉川順子氏が、現地の住民とともに編み出した独特なキルトで、むずかしく考えないほうが楽しい作品に仕上がる。

参考：『カオハガン・キルト物語』（文化出版局）

08

43 Hints

いつもの暮らしに「季節感」をとり入れてみる

＊「床の間スペース」で季節行事を

エアコンのきいた室内で、一年中同じ野菜や果物を食べるような生活をしていると、暮らしのなかから季節感というものがどんどん失われていく。

せっかく四季の変化のある国に生まれたのだから、もっと季節の自然や行事を暮らしにとり入れなくてはもったいない。

昔ながらの日本家屋には必ず「床の間」があり、季節の移り変わりとともに、掛け軸や飾る花を替えて、家族や来客を楽しませてきた。最近は和室といっても床の間を設けないことも多いけれど、この空間を、現在の生活にもう一度とり入れてはどうだろう。

この「床の間」は、玄関ドアの傍らでもいいし、下駄箱のうえでもいい。リビングに設ける場合、家具のうえには基本的にものを置きたくないが、部屋のなかでただ一カ所だけ、「床の間」扱いのスペースをつくってもいい。

そこに、季節にちなんだ花や絵、人形といった飾りを、月替わりで飾る。お正月なら松と鏡餅、端午《たんご》の節句には菖蒲《しょうぶ》、七夕に笹と短冊《たんざく》、重陽《ちょうよう》の節句には菊に杯……といった具合に。

本物の雛人形を持っていなくても、紙粘土や折り紙でカンタンにつくったものを置くだけでも、じゅうぶん季節を感じることはできる。

同じように、季節行事にちなんだ小物などは、持っていなければ自分でカンタンなものをつくってしまおう。折り紙でその年限りのものをつくってもいいし、小さな額やアクリル箱飾りに仕立てて、毎年使い回したっていい。

＊季節の移り変わりを意識して暮らす豊かさ

インテリアのなかに〝和〟の要素が失われつつあるなか、この「床の間」を復活させるのは、けっこう意味のあることかもしれない。〝和〟を常に意識することは、季節を意識することにつながる。

ところで現在、さまざまな年中行事は、新暦に従って行っているものも多く、本来その行事が持っていた季節感とはかなりズレているものも少なくない。

私たちの暮らしは新暦によっているので、これをあらためて旧暦で行うのは混乱してしまうかもしれないが、「季節」を身近に感じとるためだけにでも、旧暦は知っておくといい。

「今日は旧暦の何月何日」なんてパッと言えたら、カッコいいでしょう？

旧暦の知識があると、食べ物の旬や衣替えの目安にも役立つし、季節と暮らしが調和していた時代のよさを再認識することができる。

けれど、どんなに季節の飾りつけをしても、本当の自然を肌で感じないことには意味がない。

寒い冬でも、換気もかねて窓を開け放ち、外の空気を吸うこと。暑いからといって、すぐにエアコンのリモコンに手を伸ばさず、汗をかきながらスイカを食べること。

あんまりスマートじゃないかもしれないけれど、そんな暮らしこそが、体にも環境にもいい、ていねいな暮らし方だと思うのだが。

09

43 hints

カンタンな模様替えで気分転換

＊絵や写真なら気軽にとり替えられる

自宅でフラワー関係の教室を開いている方のお話を聞いたとき、

「年に二回、カーテンもラグもクロス類も小物も全部、夏バージョン・冬バージョンに総とり替えする」

という習慣に、「ほ〜」と感心した。

手間はかかるが、がらりとインテリアが変わると、生徒さんにも大好評だそうだ。

これはいい。私もさっそく真似してみたが、全とっ替えまではいかず、半とっ替え程度。それでも大いに楽しめたし、気分が変わってよかった。

大々的にではなくても、誰に見せるためではなくても、部屋の模様替えはいい気分転換になるもの。ちょっとした工夫で、変化を楽しみたい。

ファブリックもいいけれど、手軽に部屋の印象を変えるなら、絵や写真などを入れた額を飾るのがおすすめ。

大きなものなら床や家具のうえに直置《じか》きし、小さなものは壁にかけてしまったほうが掃除がラク。小物、雑貨などを家具のうえにたくさん飾るのは、ホコリをとったり、掃除のたびにどかす必要があるので、掃除好きの人以外はやめておこう。

額は、大きなものをドーンと飾るのもいいが、小さなものをたくさん並べるのは、眺めていて楽しいし、変化がつけやすい。

自分らしさ、暖かさのある雰囲気をつくるには、フレームの中身は、できれば印刷したものや一〇〇円ショップで売っているカードなどではなく、ヘタでも〝生〟の絵や写真を。

絵は自分で描いてみる以外に、親戚の子どもに描かせたり、得意な友だちに頼んだり。写真の場合は、壁を一冊の写真集にするつもりで、「家族の成長」「旅した土地」「育てた花」など、何かひとつテーマをつくって飾ると楽しい。

どれにしても、季節や気分によってちょこちょこっととり替えられるように、ストックを用意しておこう。

布を飾ってみるのもいい

壁に飾るのは絵や写真だけではない。

布が好きな人は、画材店に売っているキャンバスにお気に入りの布をピンと張り、裏をタッカー（椅子の張り替えなどに使うホッチキスのようなもの）で止めたものを壁に飾る方法もある。

マリメッコなど北欧のもの、インドネシアのバティック、日本の古い着物をほどいたものなど、テキスタイルそのものを楽しんでもいいし、背景のインテリアに合わせて、まったくの無地を何枚か飾り、色の対比を楽しむのもステキだ。

タッカーで止めると多少布が傷むので、大切にしている布なら、クリップで止めてカーテンのように天井から垂らすのもいい。

壁に沿って飾ればタペストリーに、部屋の好きな位置に吊るせば、ゆるやかな間仕切りにもなる。

これらは、ただ空いているスペースにではなく、自分がいつも座る場所から一番よく見えるところにくるように、よくチェックしてから飾ろう。次が、人がきたとき座ってもらう場所からよく見えるところに。

10

43 Hints

お気楽ガーデニングで緑を楽しむ

＊手間のかからない種類を選ぼう

暮らしのなかに、一鉢でも緑があることは、毎日を豊かなものにしてくれる。世話する手間はあるけれど、それはきちんと暮らしている目安にもなる。

花いっぱいのベランダや、自家製野菜の収穫は魅力だけれど、それなりに手間がかかるもの。朝が早かったり、残業や出張が多いなら、バラだキュウリだというわけにはいかない。できるだけ手間のかからない植物を選ぼう。

おすすめはハーブ。生命力が強いので、手がかからない割りに、育てる楽しみと食べる楽しみを二重に満足させてくれる。花なら、乾燥を好み、虫がつかず、花期が長いゼラニウムがベストだろう。

よく「私はサボテンも枯らしちゃうのよ」などと自分のガーデニングの才のなさを

嘆く人がいるが、あれはそもそも砂漠の植物。日本の気候に合った植物のほうが、生き延びる確率は高い。

私は、自分でつくる料理に登場する頻度が高いシソ系（青ジソ、バジル、ミント）を毎年つくるけれど、水やりが大変なら、乾燥を好むタイムやローズマリーがベターかも。

たとえ料理に使う機会がなくても、ベランダに出たときにいい香りをかぐだけで、豊かな気持ちになれるのが、ハーブのいいところだ。

究極の「何もしないガーデニング」

ハーブはもともと雑草みたいなものなので、世話もラクだが、もっとラクして、何でもいいから緑を置きたいというのなら、いっそ割り切って本当に「雑草ガーデニング」にしてしまってもいいかも。

以前、四階に住んでいたとき、ベランダの鉢に土だけあって、何も植えていない時期があった。あるとき、ふとベランダを見ると、鉢いっぱいに雑草が繁っていてビックリした。風や虫や鳥が種を運んできたのだろうか。

でも、それはそれでけっこういい感じだったので、ヘタにいろいろ植えて中途半端に枯れているよりは、「何もしないガーデニング」もアリかもしれない。

ただ、鉢植えが主体のコンテナ・ガーデニングでは、ひとつだけ、どうしてもこだわりたいことがある。それは、素焼きや木製など、できるだけ天然素材のコンテナを使うことだ。

植物の環境として適していることはもちろん、天然素材なら、古くなっても苔がついても、それが味になっていく。極端な話、ガーデニングをいったんやめて、コンテナだけ積み重ねておいても、天然素材なら、寒々しくならず、「オッ、準備中だな」という感じになる。

反対に、どんなにキレイな花が咲いていても、植わっているのが「白いプラスチック」とか「トロ箱」だと、ていねい感ゼロ。最悪なのが「素焼き風プラスチック」。泥ハネなどつくと、素焼きと違ってすごくみすぼらしい。

素焼きのコンテナが重いなら、パルプなどが原料のリサイクル材コンテナがある。耐久性もまあまあで、最後は燃えるゴミになるので、いつまでガーデニングが続くか不安ならこちらをおすすめする。

第4章

自分の体をいつくしむ美容とおしゃれのヒント

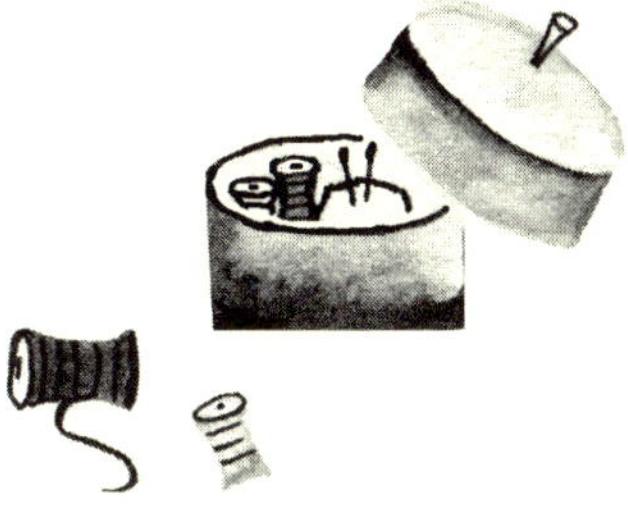

Chapter 4

01

43 Hints

キレイな体は、やっぱり食生活から

＊体の調子が生活に及ぼす影響

「キレイな体」といっても、エステの広告みたいな意味じゃない。（そりゃ見た目もキレイなほうがいいけど、それ以前に）「中身がキレイな体」になりたいのだ。

ひとり暮らしを始めたばかりのころ、食生活がすごく荒れた時期がある。三食のうち、三食外食とか。ファストフードやコンビニフードとか。てきめん、体調が悪くなった。

胃が荒れると、肌も荒れる。ビタミン不足で、口内炎ができる。顔色も悪いし、フラフラするし、いつも疲れて不機嫌だった。でも、それが食べ物のせいとは思っていなかったから恐ろしい。

さすがにそんな生活は続かず、ひとり暮らしに慣れるにつれ、次第にきちんと食事をつくるようになった。

もちろん、精神的に安定したとか、生活時間が正常になったとか、いろいろな理由はあるが、ちゃんと食べるようになると、正直に体調はよくなっていく。体調がよくなれば、表情も明るくなる。人間関係までよくなっていく。

そんな経験があるので、いまでも、

「体は、中身が大切！　一番大切なのは、食生活！」

という思いがある。

野菜不足はスープで解消！

そうはいっても、バランスのよい食事って、けっこうむずかしい。

誰でも、炭水化物やたんぱく質、脂質はすぐに足りる。でも、野菜はどうしてもとりにくいものだ。

手間がかかり、価格を高く設定できない野菜料理を、ていねいにつくる外食産業は少なく、外食でたっぷりの野菜にありつけることは稀だ。お弁当類に入っている野菜は、ほんの申しわけ程度。

では自分で、と思っても、なかなかうまくいかない。パックの肉や魚と違って、野菜は皮もむいていなければ、アク抜きもしていない。切るだけでいいサラダでは、なかなかたくさんの量は食べられない。

でも、野菜が不足すると、確実に体はよどんで重くなってくる。どうすれば野菜をカンタンに、おいしくとれるか？

そこで登場するのが、スープだ。それも、野菜の切れ端がぷかぷか浮かんでいる程度のものではなく、汁気が少なく感じるほどの具だくさんスープ。これを週一回つくることで、平日の野菜不足を補ってしまおう。

材料となる野菜は何でもいい。玉ネギ、ニンジン、セロリなどをベースに、ナスや長ネギ、ジャガイモ、レタス、いんげん、ズッキーニなど。これを、具の形が見えなくなるくらいまで煮て、週に一度、大量につくって食べ続けるのだ。

栄養はどんな形でとってもいい

このスープには、ものすごい量の野菜が溶け込んでいる。サラダなんか目じゃない。

週半ばの野菜はこれで確保できるだろう。

以前、中国漢方の薬剤師さんに、

「日本の人は『○○野菜にはナマなら○㎎のビタミンが含まれるが、加熱調理すると○㎎に減ってしまうから、ナマで食べたほうがいい』という考え方をするが、たとえたくさんの栄養が入っていても、ナマだとそれを分解吸収するために、内臓に負担がかかる。それなら、最終的にラクに吸収できる形に調理してあげたほうがいい、というのが中国料理の考え方なのです」

と聞いてなるほどと思った。たしかに中国料理は、ナマのものをあまり食べない。数字に表れる栄養ばかりに目が向きがちだが、どんな栄養も、体が処理できなくてはしかたがない。

とりやすい形にしてあげれば、疲れた体も喜ぶ。

やさしく煮込んだ野菜が、キレイな血とキレイな体をつくってくれるだろう。

02

43 Hints

ダイエットはしない！宣言

＊ヤセることに魅せられたときの恐ろしさ

以前、よく仕事でダイエット本の執筆をしていた。医師である著者の話を聞いて原稿を書く、ゴースト・ライターというやつだ。自然と、ダイエットの知識は増えていく。しかも、医学的根拠のある、正統派の情報ばかり。

ところがこの仕事、やればやるほど太るのだ。

ライターという仕事は、忙しくなるほど机の前から一歩も動かなくなる。どこにも行かず、誰ともしゃべらず、人知れずストレスをためていく。楽しみは食べることくらい。勢い、体重は増えていく一方――。

でも、私は「ダイエット」はしない。最初は、たくさん仕入れた知識をいろいろ試してみたが、長くは続かず、知識と実践は別物だと思い知ったことと、それ以上に、ダイエットにまつわる恐ろしい話をたくさん聞いてしまったから。

「体重」「カロリー」といった、数字にはっきり表すことのできるダイエットには、人を依存させる危険な魔力があるらしい。

ダイエットにはまり、魅せられるうちに、美しくなることではなく、ヤセることそのものが目的になってしまい、心と体を狂わせた人たちのエピソードの数々。

さまざまな障害をもたらす食べ吐き、体重三〇キロ台になってもまだヤセようとする拒食症、尋常ではない量を食べ続ける過食症……。

決して特別な、異常な人だけがそうなるわけではなく、きっかけが「他愛のないダイエット」である場合は少なくないそうだ。

とくに印象的だったのは、本来なら生きる喜びのひとつである「食べること」が、ダイエット依存症の人にとっては「おぞましいこと」になってしまっているということだった。

自分の心地よさの感覚を大切にしよう

ダイエットの知識が増え、同時にダイエットの負の面を多く知るようになったいま、私は「ダイエット」をするのはやめた。

もちろん、食べすぎて、運動不足になるのは気分のいいものではないし、体型が明らかに膨張していくのはいやだ。ダイエットをしないということは、太るに任せるということではない。

「ダイエットはしない。しないけれど、自分自身と、自分が心地いいという感覚を大切にする」

太りすぎるような生活を続ければ、体が重くダルく感じ、気分はよくない。自分を大切に思うなら、体に悪いものを食べすぎたり、運動不足の体を放置してはおけないはずだ。

そんな体は気分が悪い、という内なる感覚を育てていきたい。その結果、モデルのような細い体にならなくてもいい。ほしいのは「細い体」ではなく、「気持ちいい体」なのだから。

一〇〇人同じ身長の人がいても、一〇〇通りの骨格があり、一〇〇通りの腕の長さ・顔の大きさがある。

それを、「理想体型」という幻想の数値に無理やり当てはめるのが「ダイエット」

だとすれば、それは不可能だし、実現したからといって、美しい姿形になるとは思えない。

自分の感覚を信じ、自分を大切にすることを通して、与えられたこの体のなかで最大限気持ちよくやっていく。

それがモデルや女優のようにはならなくても、健康な体と、「自分的には最大限に美しい」につながっていくのではないかと思うのだが。

03

43 Hints

たくさん歩いて気持ちよくなろう

＊ 歩くとは、ペースを落とすということ

歩くのが好きだ。足と靴のコンディションさえよければ、かなりの長距離・長時間を歩いても平気。また、仕事でそうせざるを得ないこともある。

いっとき、万歩計をつけていたことがあって、自分でもかなり歩いたと思った日に目盛りを見たら、三万歩に達していたことがあった。

歩くのが好きだと得をする。

車に乗っていてはわからない、季節の微妙な変化もよくわかるし、駐車場のないおもしろそうな店をのぞくのも楽しい。ネコ、看板、建築、植物など、好きなポイントで足を止め、じっくり観察できるのも徒歩のいいところだ。

引っ越しをすると、まずその街をじっくり歩いてみる。

自分の通勤路しか知らないという人もいるが、それではあまりにもったいない。出かけるにも、帰宅するにも、そのたび違うルートを試してみて、どこに何があるかを把握することにしている。

おかげで何度引っ越しても、すぐに街中の地理とお店に詳しくなる。営業時間や休日なんかも把握できる。この習慣は、旅先でもとても役に立つ。

だから最近、歩く機会が減っているのがちょっと悲しい。子連れだと徒歩が危険なことも多いのだ。せめて、機会があればなるべく歩くことにしている。

歩くということは、ペースを落とすということだ。進みは遅いが、そのぶんじっくり周囲を観察することができる。

そして、歩くこと自体にも、いろいろな効用がある。

ひとつはもちろん、消費カロリーが増えること。

ジョギングやエアロビに比べ、その数字は地味なものだけれど、毎日必ず歩くことは、毎日必ずジムに通うことよりもたやすい。体にかかる負担も少ない。

医師に歩く距離を増やす（一日一万歩目安）ことを指示され、忠実に守った人の多くが、体重や体脂肪を大きく減らしている。

体が止まっていると心も動き出さない

また、考えごとや、気持ちの整理にも、散歩は向いている。

歩いていると、思わぬアイデアがひらめく人は多い。歩くという、なかば機械的にできる運動のなかで、心は別の世界に遊ぶことができるのだ。

何か心にうっ積したものを抱えているとき、長い散歩に出る。その間に何か答えが見つかることもあるかもしれない。答えは見つからなくても、気分は晴れる。だから、誰かとケンカをした後など、頭を冷やすのに最適だ。

これは、適度な運動によって全身の血行がよくなること、体内に新鮮な酸素がとりこまれることと無縁じゃないだろう。

体が止まっていると、心も動き出さない。家にいて座っているだけでは思いつかないことを、散歩の途中で思いつくことは多い。歩くことが、止まった考えを転がし、動かし、新たなカタチを与えてくれるのだろうか。

だから、散歩には必ずメモを持ちたい。そんな思いつきのひとつひとつを大切にし、実践していくことが、自分と暮らしをつくってくれるのだから。

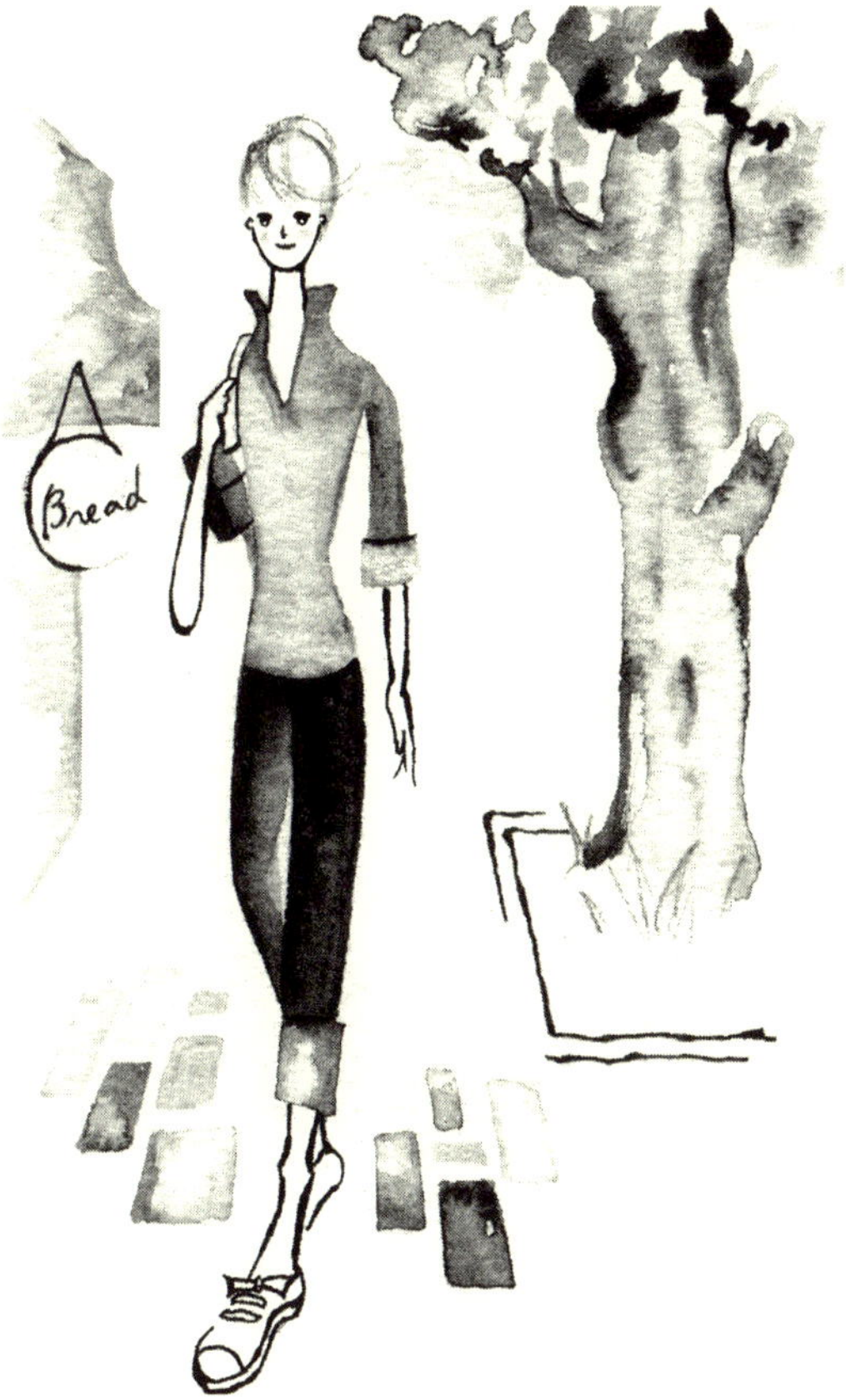
Bread

04

43 hints

「体をゆるめる」方法をひとつ覚えておく

＊マッサージ以上に効く「野口体操」

最近休んでいるが、日本語教師をしている友人に誘われて、朗読のサークルに入っている。

舞台経験の長い講師の先生が指導してくださるのだが、そこでは講座の時間の半分以上を体操（野口体操）に費やす。「体がゆるんでこないと、声は出ない」というのが、先生の考えだ。

前からやってみたかった野口体操、これがとてもおもしろい。

野口体操とは、一九六〇～七〇年代を中心に、演劇・音楽など芸術関係者をはじめ、教育・哲学などの分野の人々に支持された、独特の身体論を持つ体操だ。

人間の体を「液体（体液）のつまった袋で、そこに内臓や筋肉や骨がぷかぷか浮かんでいる」ととらえ、筋力ではなく、自らの重さによって動きをつくるというのが、その考え方。

「上体のぶら下げ」をはじめ、体のあちこちをぐいぐい押し伸ばす「柔軟体操」とはまったく異なる方法で、体をほぐし、ゆるめていく。

子どもがよくやるようなグニャグニャ、プルプルした動きは愉快で、気持ちも明るくなる。朗読そのものよりも、この体操の魅力にハマってしまった。

体操の後の朗読は、内臓のマッサージのように心地よく、表現の上達よりも、気持ちのよさが目的になってきた。

家のなかで仕事をすることが多い私は、煮詰まったときはこの体操の真似ごとをして、密かにリラックスをはかっている。この体操、ひとりでやってると、ハッキリ言ってバカみたいなのだが、本人だけはご機嫌だ。

最適なリラックス法で、ストレスに負けない体を

朗読に限らず、私は昔から声を出すことや音楽が好きで、ヘタながらいろいろやってきたけれど、何をやっても必ず言われるのが「リラックスした体」の重要性だ。

これは多分、音楽に限ったことではなく、どんなスポーツでも、また単なる日常動作でも、まず最初に求められることなのだろう。

が、「リラックスする」というのは、実はとてもむずかしい。「力を抜いてください」と言われると、「一生懸命力を抜いてしまう」自分がいる。

一生懸命力を抜こうとすることによって、別の方向からいらぬ力が加わってしまうのだ。

私だけではないと思う。ストレスをやり過ごしてなんとか日々を送るのに一生懸命で、目も肩も腰も、若いのにバリバリ、という人がいっぱいいる。

リラックスしろって言われたって、そのやり方がわからない。ある知人は、吐き気がするほど凝った肩や腰をほぐすために、毎週のようにマッサージに通い、少なからぬ出費に悩んでいる。

マッサージはいまある疲れをとり去ってくれるけれど、疲れはまたすぐにたまる。イタチごっこだ。

ならば、疲れの原因となっている体のあり方、動き方を改善すればいいのでは？

やわらかくゆるんだ体は、過剰なストレスから身を守ってくれ、疲れをためず、いざというとき俊敏に動きそう。

そう思うとき、「体のゆるめ方=リラックスの方法」を学んでおくことは、きっと役に立つ。そう、リラックスすることを学ばなくてはいけない時代なのだ。

それは野口体操でも、ヨガでも、呼吸法でもいい。体をゆるめる気持ちよさを知り、方法論を身につけておくことは、ストレスに負けない体をつくってくれるんじゃないかと思う。

05

43 Hints

自分を引きたてる「この色」を見つける

＊身につけるものの色で雰囲気がまるで変わる

収納の悩みのもとは、ほとんどが「服と本」（人によってはCDやDVDも）だそうだ。

だからといって、収納に悩んでいる人たちがみんな着道楽、というわけでもないらしい。「たくさんあるけど、着る服がない」という声が圧倒的なのだ。

着ない服の収納に悩むというのもヘンな話だけれど、どういうわけか毎シーズン毎年買う服のなかから、かなりの高確率で「まだ着られるのに着ない服」が出てくるのは事実。

こういった「タンスの肥やし」が生まれる原因は何か？　を探るべく、似合う色、そうでない色を診断してくれるカラーアナリストに話を伺ったことがある。そこで私は驚くべき体験をした。

そのとき私はたまたま黒を着ていた。無難でラクで、汚れも目立たない、私にとってありがたい色である。話をフムフムと聞いていた私を、アナリストが「ちょっとこちらへ」と鏡の前にいざなった。

「ちょっと見ててくださいねー」

とっかえひっかえ、顎の下にあてられるカラードレープ（色布）と自分の顔を見比べて、色によって途方もない変化が現れるのがわかった。

カーキを当ててるとシミとシワが目立ち、疲れた印象。ワインカラーは陰気な表情に。そして黒も、なんとも冴えない顔色。

ところが、サーモンピンクに替わると、一転イキイキした目の色になり、オレンジでは別人のように若々しく、明るい水色も髪の色と調和して、肌色がキレイに見える。まるで次々に照明が変わったかのように、色によって表れる印象も変わる。

私に似合う色はどれ？

もちろんこのような効果を生む色は、人それぞれまったく異なるので、安易な素人判断ではなかなかわからない。ただ、目の前で次々に変化を見せられると、初めてどれが似合う色か、そうでない色かがはっきりとわかるのだ。

別のアナリストによると、

「似合う色がわかると、買い物がラクになりますよ。失敗も減ります」

「安いカットソーでも、似合う色ならなぜか高価に見えるんです」

だそうだ。タンスの肥やしの収納に悩む人は、ぜひとも似合う色を知っておくといいと思う。そうすれば確実に、ムダな買い物が減るはずだ。

さて、私はそれ以来、それまでの黒・グレー・こげ茶を脱却し、明るいキレイ色（私が似合うとされるらしい）への転身をはかっている。

元来、私はどういうわけか人に与える第一印象が悪く、「暗く、コワイ感じの人」（相手が直接そう言ったわけではないが、類推すると）という印象を持たれがちで、打ち解けてもらうのに時間がかかったのだが、最近その傾向が薄れてきたのは、絶対「色」のおかげだと思っている。

そういうこともあり、最近は会う人ごとにカラー診断をすすめて訝《いぶか》られている。

06

43 hints

最小限のお手入れで美しく着続けるコツ

＊おしゃれな人は服の扱いがていねい

会うたびに「おしゃれな人だなあ」と思う知人がいる。

ことさらに流行のもの、高価なものを着ているわけではなく、むしろ地味な装いなのだが、彼女の服には、いつもきちんとアイロンがかけられているのだ。そしてそれは、クリーニング店に任せたものではない。

きれいに折り目がついた服に、よく磨かれた靴。全身ブランドずくめの、「お金がかかっているなあ」という装いではないが、「手がかかっているなあ」という、常日ごろのお手入れのよさを伺わせる、清潔感とていねい感がある。

彼女を見ているうちに、以前は手入れがラクなカットソーや混紡ばかり着ていたのだが、綿や麻の服をアイロンがけして着ることが増えた。

服も靴も、収納しきれないほどたくさん持ってはいても、「お手入れ」にまで手が回らない人は少なくないだろう。

「着る服がない」と言っている割りに、裾がほつれていたり、ボタンがとれかけだったりするために着られないだけの服も、たくさんあるんじゃないだろうか。

そんな服を、クロゼットの隅にこっそり押し込んで、「そのうち繕《つくろ》おう」なんてグズグズしている人、これを機会に、いっせいに「お手入れ」してはいかが？

かくいう私も日ごろ、服にほつれやほころびを見つけると、「繕いもの専用カゴ」に突っ込んで「そのとき」を待つばかり。放っておくと、カゴはいっぱいになってしまう。

ようやく覚悟を決めて、カゴの中身をいっせい修繕する。

針と糸、余り布を前にちくちく。

一枚一枚の補修箇所は、大したものではないから、すぐ終わるのだが、ため込むと時間がかかる。本当は、気づいたらすぐにとりかかるのがベストなのだけど……。

でも、アイロンがけもそうなのだが、とりかかる前は憂鬱だった繕いものをしているうちに、おかしなことにだんだん機嫌がよくなってくる。一枚、また一枚と、服が

キレイになっていくうちに、心の隅にたまっていたモヤモヤした何かが、キレイに晴れていく。

まるで「繕いものセラピー」だ。

靴も、お手入れする過程には、服と同様の意味がある。

服や靴のお手入れは、自分自身のお手入れと同じことだ。服や靴は自分そのものではないけれど、裸・裸足で暮らすわけにはいけない人間の、第二の皮膚のようなものだから。

アイロンかけや繕いものは、お肌のお手入れ同様、自分を大切にするために欠かせない行為なのだ。

お手入れ道具をきちんとそろえてみよう

「お手入れ」は、実際は億劫なもの。でも、そんな作業を楽しくするのは、やはり「道具」だ。

人によっては、ホテルのアメニティのソーイングキットしか持っていないこともある。裁縫箱を持っていない人は、この際用意してみては?

手芸店などにある、モノモノしい大きなものでなくてもいい。きれいなクッキーの空き缶や箱、カゴを利用して、そこに好きな布を貼ったり敷いたりして、手仕事が楽しくなるような裁縫セットを入れてみよう。

靴のお手入れも同じ。一〇〇円グッズのツヤ出しスポンジも便利だけれど、靴修理のプロによれば、見かけのツヤだけ出すこういった便利グッズは、革にとっては実はあまりよくないとか。

基本のお手入れができる靴ブラシ、クリーナー、靴クリームを、こちらもキレイな缶などに用意しておけば、楽しく靴磨きができるはず。

服や靴のお手入れが苦にならなくなったら、着ない服や履かない靴も減っていく。家のなかもスッキリ、心地よくなるだろう。

07

43 Hints

どんな日もなんとか乗り切れるメイク・パワー

お化粧は自信を与えてくれる

化粧をすると、勇気が出る。

勇気、というと大げさだが、「前へ出る自信」「発言を躊躇しない強さ」のようなものと言っていいかもしれない。

一時期、面倒くささのあまり化粧から離れた時期があった。ナチュラル派というのは言いわけ。外出しない日も多い仕事柄、「どーせ誰も見てないしー」と、不精を決め込んでいただけである。

だが、やはりあれはよくない。

「どーせ誰も」という斜にかまえた気持ちは、周囲の人だけでなく、何より自分自身をあなどったものだからだ。実際、きちんと化粧をすれば、おのれの心のありようが違ってくる。

きっちり化粧をし、その乗りもそこそこいい日には、強気に出られる自分を意識するし、多少のことを言われてもヘコたれない。鼻で笑い飛ばせる気がする。

逆に、化粧をし忘れて外出したとき、ふとした拍子で何かに映った自分を見たときの、膨らんだ風船がシュワシュワとしぼむような気持ち。

たかが化粧、されど女の人にとって、化粧はあなどれない大きな力を持っている。そう、化粧には、自分を内側から膨らませるような何かがあるのだ。

「化粧は不要、素顔が一番！」

中学高校の先生はそう言うが、それが許されるのはある年齢まで。社会に出て、小なりとはいえ人様と関わる責任を負うようになって、化粧をしていない女性は（もちろん、人にもよるけれど）やっぱり信頼を得にくいと思う。私の偏見でしょうか。

自分のためだけでなく、周りの人のためにも

病棟に出入りしていた時期があるが、そこで働く看護師の女性たちは、みんな一様に明るい色の口紅をしていた。

ときに小走りさえしながら、恐るべき量の仕事をこなす彼女らは、その忙しさにもかかわらず、いつも朗らかな笑顔で、落ち込みがちな患者とその家族をなごませてくれた。聞けば、口紅は上司の指導で必須なのだとか。

素顔が一番自然。それはそうかもしれないが、自らを守る毛皮もトゲもない人間にとって、装うこと、化粧することもまた、自然なんじゃないだろうか。

「和顔施《わげんせ》」という仏教用語がある。「雑宝蔵経《ぞうほうぞうきょう》」というお経に出てくる「無財の七施」のひとつで、「お金がない人でも他人にしてあげられること」として、「心からの笑顔で人に接する」というものだそうだ。

これに「化粧施」をつけてもいいかも。厚化粧せよという意味ではなく、化粧してその人なりに一番美しく輝くように心がけることは、必ず世のため人のため、そして自分のためになる。

自分に景気をつけたいときは、栄養ドリンクじゃないけど、

「口紅一本！」

08

43 Hints

アタフタしたときは、わざとゆっくりしてみる

＊立ち止まらずに、自分のペースをとり戻す

私自身は生来、ガサツでソコツな人間だ。おまけに行動はとろい。そういう人間が、やることをたくさん抱えると、ろくなことにならない。

グズの大忙しを地でいくように、いつもアタフタ、追い立てられるような気持ち。こんな精神状態を繰り返していると、いつしか呼吸は浅く短くなり、イライラして額にシワが寄り……。こんなの、体にいいわけがない。

そんな自分にハッとしたとき、最近では「動きをわざとゆっくりする」ことにしている。

立ち止まるわけではない。完全に止まってしまうと、再び動き出したときに、もっとセカセカしてしまうという情けないところが私にはある。だから、動きを止めるこ

となく、あえて二倍、三倍の時間をかけるのだ。

以前は、そういうときには「深呼吸」を心がけていたのだが、気持ちが急いていると、結局、呼吸が速くなり、動きもまたセカセカしてしまう。

だから、深呼吸よりもまず、自分の目に見える「動き」のほうをゆっくりにしてみることにした。

ゆっくり動けば、呼吸も整ってくる。焦りの気持ちも少しは落ち着いてくる。そのほうが、余裕をもってことに当たることができ、結果もよかったりする。時間だってそんなに変わらない。

たぶん、何ごとも「わざとゆっくりする」くらいでちょうどいいのだ。このセカセカした時代に生きる、セカセカした私たちとしては。

ゆっくりすぎるかな？　というくらいでようやく、本来の体が刻んでいるリズムに立ち戻ることができるのだ。

本来あるべきテンポを知っておく

「落ち着いて」「ていねいに」行動することが大切なのはよくわかっているものの、

具体的にどうやったらいいのかわからないときは、とりあえず「ゆっくり」動いてみることだと思う。

茶道の所作などは、初心者にとっては、のろくさい、過剰な動きの繰り返しに見えるけれど、あれも長い間に蓄積された、心を落ち着かせる動きのノウハウなのだろう。なにしろ茶道は、戦場に赴く武士のたしなみだったんだから。

ピアノなどの楽器の練習をするときも、速いフレーズを、最初から譜面が指示するテンポで練習しても、ただズルズルッと速くなるだけで、うまくはならない。

まず半分のテンポに落として、きちんと演奏できるようになってから、テンポを上げていく。その繰り返しで、最初は不可能だった速いテンポでも、きちんと演奏できるようになっていく。

日常の行動にも、そういう手順が必要なのかもしれない。

ゆっくり、ていねいに動くことを積み重ねることによって初めて、いざというとき機敏に動けるのだ。

だから、体のリズムがバランスを失っていると感じたら、あえて動きをスローにしてみよう。そうすることで、本来あるべきテンポを思い出せるはずだ。

第5章

いつもとちょっと違う贅沢な休日にするヒント

Chapter 5

01

43 Hints

ひとりを楽しめる場所をあちこちに持とう

＊ひとりがサマになる女性はカッコいい

学生時代、ひとりで喫茶店に入れないという女の子が、まわりにいっぱいいいた。

いまどき、そんなこともないのだろうが、三人、五人と連れだって、流行のレストランや、観光地にいる女性たちは、ひとりひとりはどんなに美しく着飾って上品でも、集まると決まって美しく見えなくなるのはどうしてだろう。

甲高い声で談笑し、他の客の存在など眼中になく、ときに手を打って笑いくずれる。

これは若い・若くないに関係ない。

こういうグループにいる女性は、同じ店にひとりで入れるのだろうか?

気の合う仲間と一緒に行動するのは楽しいものだし、男性のエスコートがあれば心強いのは間違いないが、いつもいつも誰かといっしょでなければ行動できない人には魅力がない。

「○○さんが行くなら行く」

「××くん、いっしょに行ってくれないの？　じゃあやめた」

美術展や映画館など、ひとりで行けるところでも、誰かがいっしょでないと行かないという人がいるのが不思議だ。というか、そもそもそういうところに大勢で行って、本当におもしろいのだろうか？

私自身は、仕事柄もあるし、たいがいの場所にはまあ、ひとりで行ける。ただ、そこで落ち着いて優雅に振る舞えるかというと別である。だから、どんな場面にでも、ひとりでいてサマになる女性に憧れる。

ひとりで行動するレッスン

めざすのは「ひとりでいてサマになる女性」だが、まずはひとりで行動できるようになるために、少しずつレッスンをしてみてはどうだろう。たとえば、
・ひとりで美術館に行く
・ひとりでホテルのバーに入り、バーテンダーと会話を楽しむ

・ひとりでパッケージでない海外旅行に出かける
・ひとりで一泊以上のドライブ旅行に出かける
・ひとりでライブを聴きにいく

といったことを、少しずつ実践していく。他の女性たちはみんなグループ、あるいは男性連れなのに、自分だけひとり。慣れてくればやがて、そのギャップをむしろ楽しめるようになる。

ひとりを楽しめる女性は、みんなといるときはさらに楽しめる。そういう女性なら、はしゃぎがちな場面でも周囲を気づかい、上手に仲間を制することができるのではないだろうか。

スタイリストやインテリアの専門家に、買い物のコツを聞いたところ、

「ひとりで行くこと！　人の意見は聞かないこと！」

だそうである。

同行の友人の「いいんじゃな〜い？」ほど、あてにならないものはない。他人は自分の人生に責任をとってはくれないから。

ひとりで行動すること、ぜひ実践してみてください。

02

43 Hints

「美しいところ」に感性を磨きにいく

＊たとえば庭園やホテルのレストランなど

最近、昔の日本建築に行ってみたくてたまらなくなり、日本旅館に泊まった。一〇〇年以上前に建てられた、いまでは建築許可のおりない木造三階建て。天井は低いが、床は顔が映るほどに磨きたてられ、白い障子紙に、窓の外はいっさいの人工物が見えない一面の緑。

床の間に活けられた花や掛け軸など、現在の暮らしにないものばかりが、懐かしく心地よく感じられ、帰ってからも、なんとかあの静寂感を再現できないものかと頭をひねった。

考えながら、以前、インテリアの専門家の話を聞く機会があったときの、「美しい空間を常に体験することを心がけています。そして、その空間から浮かないい自分であることも」

という言葉を思い出した。

美しい空間の心地よさを体験すると、自分の身のまわりにもその心地よさを再現したくなる。そのために、インテリアに関心を持ったり、工夫したりするようになり、最終的には、自分も美しい空間をつくり出すことができるのだ。

人間、見たことのないものはそうそうつくれない。インテリアがどうの、収納法がどうのとテクニックを仕入れるよりも、実際に美しい空間を見て、その心地よさを体験することに勝るイメージ構築法はないということだろう。

それはたとえば、美しい自然の景色を見にいくのもいいし、美術館やホテル、ショップやレストランといった建築物や、名庭園を訪ねることでもいい。

ホテルなら宿泊しなくてもロビーで、レストランならディナーでなくランチで、その空間を楽しむことはできる。そんなにむずかしいことではない。

優雅な場所に身をおくと、姿勢が正される

それだけではない。美しい空間に身をおくだけで、自分まで優雅で洗練された気分

を味わえる。

そういう空間にいる以上、ダラけた姿勢では釣り合いがとれない。自然と背筋は伸び、表情もキリッとしてくる。立ち居振る舞いにも緊張感が漂う。つまり、美しい空間にいると、自分まで美しくなれるのだ。

おすすめは、たとえば東京なら、目黒にある旧浅香宮邸の庭園美術館。

格調高いアールデコ様式の洋館がそのまま美術館になっていて、玄関ドアや大広間のシャンデリアはラリック。広大な庭園のなかには茶室もあり、タダ同然の入場料を払うだけで、この美しい空間がぞんぶんに味わえる。

その他、こんなところも私のお気に入りの場所だ。
・福住楼（箱根）
・子規庵（台東区根岸）
・横山大観記念館（台東区池之端）
・羽沢ガーデン（渋谷区広尾）
あなたも自分だけのお気に入りの場所を見つけて、自分の〝背景〟にしてしまってはいかがだろうか。

03

43 Hints

休日の朝を贅沢に過ごす方法

＊ **平日より早起きして、普段できない楽しいことを**

せっかくの休日の朝を、日ごろの睡眠不足解消とばかり、寝てつぶしてしまっていないだろうか。

だとしたら、もったいない！　いたずらに長時間眠るだけでは、本当の疲れは癒されない。

昼過ぎに、はれぼったい目で起き出して、さて何かしようと思うと、やがて夕方。ダラダラ始まった休日が、無為のうちにダラダラ終わるイヤーな経験は、かえって体と心を疲れさせる。

朝を制するものは休日を制す。朝を有効活用しない限り、休日のいちばんおいしい時間は活かされないのだ。

休日はむしろ、ムリしても平日より早起きして、日ごろできない楽しいことを「朝っぱらから」ガンガン実行すべきだ。

たとえば、普段なかなか行けないけど気になっている、ちょっと遠い街に出かけ、まだ動き始めたばかりの街を歩いてみる。

チェックを入れておいたカフェでブランチを楽しみ、ギャラリーで絵を鑑賞し、雑貨店で小物を探しても、まだ日は高い。ヘタすれば、いつもなら起き出す時間だ。休日の早起きは、実にお得なのだ。

また、いつもは食べない朝食を、ホテルのカフェテラスでとってみるのも気分が変わっていい。

花の飾られたテーブルで心地いい音楽を聴き、きちんとしたサービスを受けながらいただく朝食で、ねぼけた頭も動き出すかもしれない。

休日は混み合う美術館も、午前中ならほどよく空いている。

美術館というところは、あまり人がたくさんいるとゆったり鑑賞できないから、休日にしか行けない人は、ぜひ早起きしよう。

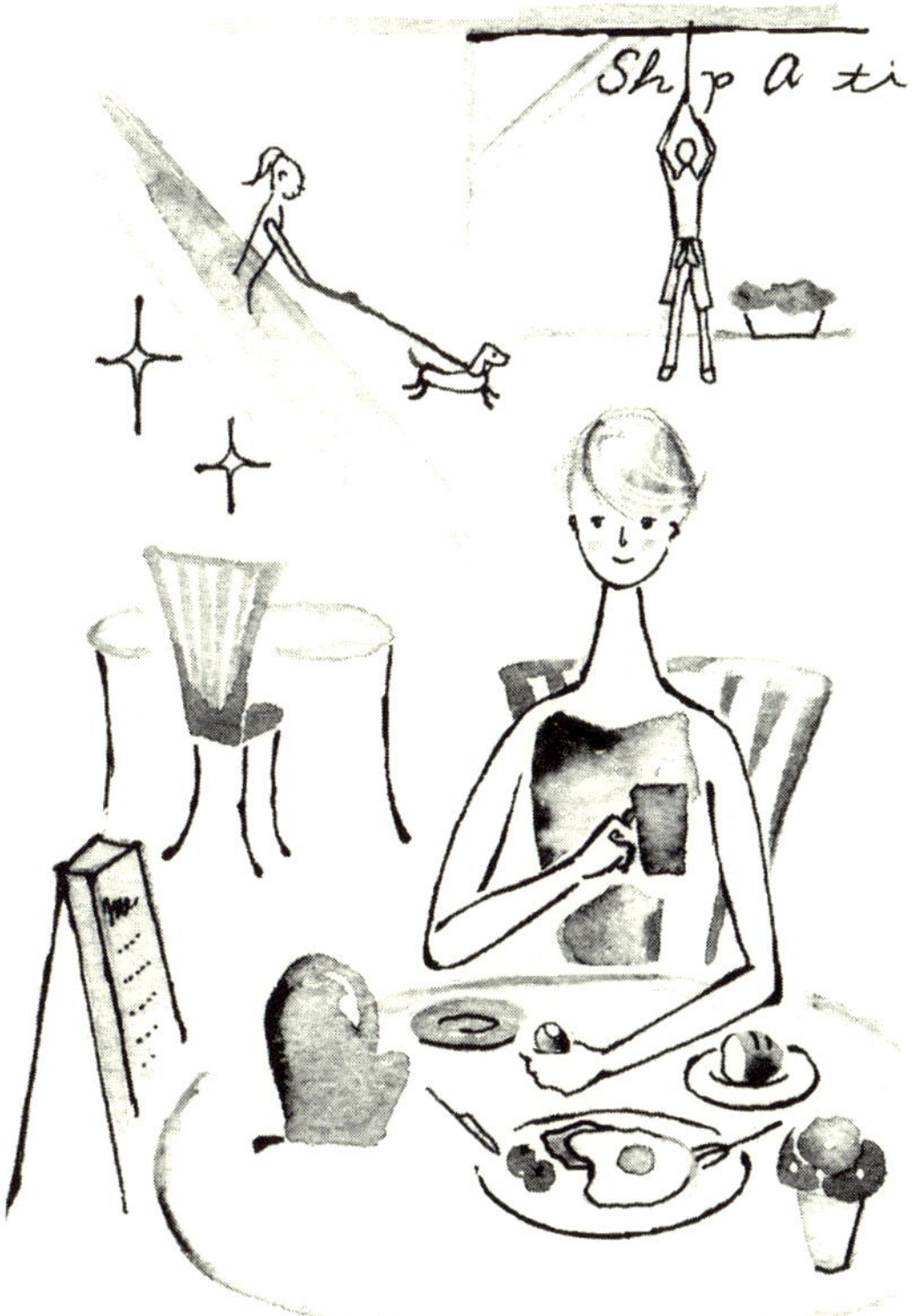

＊フリマや骨董市をのぞいてみる

フリーマーケットや骨董市をのぞくのも、朝がおすすめ。まだ混雑していない骨董市では、店の主人にいろいろ尋ねて知識を深めることもでき、楽しい。

こむずかしげな陶器や掛け軸ばかりでなく、最近人気のアンティーク着物や古裂《こぎれ》、ガラス器やアクセサリーも扱っているので、女の人にも楽しいものだ。

フリマは、自分でやるとわかるが、フリマ荒らし（？）のような人というのが必ずいて、まだ品物を広げるか広げないうちに、「これいくら？」とやってくる。めぼしいものはそういう人が早々にさらってしまうというわけだ。

いいものを手に入れるためにも、早い時間に行くことが大切なのだ。

骨董市もフリマも、売っているものをそのまま使うのではなく、自分のアイデアで生まれ変わらせることがまた楽しい。

骨董市で手に入れたコタツに、ガラス板を載せてリビングテーブルにしたのを見たことがあるが、古いものは無垢材が使われているなど、もともとのものがいいので、転用のしかた次第では、すごくセンスのいいものに生まれ変わる。

フリマの商品は激安の場合が多く、リメイクなどの〝素材〟としてはそれが魅力だ。

いずれにしても、

「疲れてるのに早起きなんて……」

と敬遠するより、まず動いてみよう。

そもそも、疲れの原因は〝肉体疲労〟よりはストレスである場合が多い。そんな疲れは、いくら惰眠を貪っても癒されない。むしろ早起きして、積極的に体を動かしたほうが、はるかに疲れがとれることが多い。

仕事の早起きと、楽しむための早起きはその質が違う。体が目覚めてくるにつれて、くつろいだ楽しい気分に脳が活性化し、体調もよくなっていく。

とくに車も人も少ない早朝は、空気中のマイナスイオンが一日中でもっとも多いらしい。キレイな空気を胸いっぱいに吸い込みながらの散歩は、心地いいものだ。

早起きした一日、目いっぱい体を動かす。快い疲れのなかで落ちていく睡眠は質がよく、週明けの目覚めも快適なものになるだろう。

04

43 hints

行き当たりばったりの旅も、ドキドキして楽しい

＊週末に、ブラリと遠くへ

平日は〝日常〟を大切にする。一方で、週末にはときどき、その日常から脱出する「小さな旅」を企画したい。

――といっても、何週間も前から予約をとったり、旅行代理店に赴いたりするのはおもしろくない。綿密な計画も、立てなくていい。もっと突発的に、長い散歩のような旅に出たい。

日本では、みんなが休む時期にはどこも混み合って高く、観光地はガイドブック片手の人の波、宿泊施設や飲食店のサービスは低下する。だから、〝フツーの週末〟に、ササッと行って帰ってくる旅がいい。連休がらみなら、「宿泊」に割り切りを持とう。

以前「青春18きっぷ」の残りチケットをもらったとき、地図帳で見た「夜ノ森」と

いう駅名にひかれて（何と読むのだろう）、行こうと思いたった。

常磐線普通電車に延々揺られて着いたその駅は、予想通り何もなかったが、桜の季節は花の海と化すんじゃないかと思われる、無数の桜並木を発見した。「よのもり」と読むこともわかった。

勢いでそのまま仙台まで行ってしまい、ビジネスホテルに一泊、松島を見て、「萩の月」を食べながら「スーパーひたち」で帰ってきた。

ゴールデンウィーク直前に北海道行きを思いたったこともある。

宿が見つかるかどうかは考えない。「北斗星」は無理だが、夜行寝台がとれた。バスと電車で道東をめぐって食べ歩き、ライダーズペンションや民家の離れに泊まった。ライダーズペンションには布団がなく、民家の離れにはお風呂がなかったけれど、貸し毛布と銭湯でじゅうぶんだった。

✳ お金をかけない、計画も立てない

「週末の小さな旅」を億劫にしているハードルがあるとすれば、「何でも早めに予約しなくちゃいけない」「お金がかかる」という思い込みじゃないだろうか。

でも実際は、贅沢を言わなければ、けっこう何とかなるし、「行ったことのないところに行って、見たことのないものを見る」という目的はちゃんと果たせている。お金だってかからないから、週末を利用して気軽に行ける。

こういう旅のスタイルは、「最小限の時間で効率よくいろいろなものを見て、もっともお得なプランの宿泊を楽しむ」という〝旅行の王道〟とは違うかもしれない。スケジュール通りにものごとが進まないとイヤ、待ったり、道に迷ったり、時間を損をするのは大キライ、という人もいるだろう。

でも、予定外のハプニングこそ、旅の醍醐味。「予定通りの旅」しかしてこなかった人も、たまにはこんな危なっかしい旅に挑戦してみては？

ハプニングに不機嫌になるか、思いもしなかった楽しみ方ができるかで、その人のクリエイティブ力は試されると思う。

＊ 見知らぬ土地で見知らぬことに出会うおもしろさ

また、必ずしも〝観光地〟に行く必要もないと思う。行けば、どこでもおもしろいものは見つけられる。宿泊にも、安全である限りこだわらない。ビジネスホテルは突

発旅の良き友だ。

ただ、あまり田舎に行くと本当に泊まるところがなくなるので、そのあたりはある程度頭に入れておこう。

以前、旅行ガイドブックの取材をしていた時期があったが、取材データや写真とまったく同じものが出ていない、と出版社にクレームをつける読者が多くて驚いた。数カ月、半年の間に経営者やメニューが変わることは珍しくないのに。

ガイドブックはあくまで目安であって、目的ではないはず。ガイドブックと同じものが出てこなくたって、見知らぬ土地では、おもしろいもの、見たことのないもの、ヘンなものはいっぱい見えてくる。

こんな行き当たりばったりの旅は、ガイドブックをあてにするのではなく、自分で新たなガイドブックをつくってしまうつもりで出かけたほうが楽しい。

旅は、そんな感性を育てるチャンスだ。その感性はきっと、新鮮な〝日常〟を見る目へと還元されていくと思う。

045

43 Hints

知らない人と口をきいてみる

＊つかの間、物語を共有する不思議

「知らない人について行っちゃいけません」

子どものころ、何度となく聞かされた言葉。そのとおり、知らない人について行ってはいけないのは、子どもに限らない。でも、「知らない人と口をきく」のは、たまには試してみてはどうだろう。

私は若いころからよく、知らない人に話しかけられたり、道を聞かれる。いつも荷物が少なく地元住民に見えることと、顔だちに緊張感がないのがそうさせるのだろうが、海外旅行中でも同じことがしばしば起こるのには不思議を感じている。

どの場合も、ふと目が合ったのをきっかけに声をかけられるのだが、たいてい、

「今日は寒い（暑い）ねえ」

といったどうでもいい会話から、子どもや孫の自慢、地元のお得情報を教えてもらったり、ときには身の上話を聞かされたりと、大きく発展することもある。なぜかものをいただくこともある（干物とかミカンとか……）。

知らない人と話をするメリットは何かと聞かれて、とくに「これだ」と言えるものがあるわけではない。でも、得にはならないが、おもしろい。気持ちよく会話して、別れたあとは、何か清々しい、満ち足りた気持ちになる。

まったくの赤の他人、通行人でしかなかった「その人」が、言葉を交わした途端、突然特別な人になり、その人の人生が私の人生のなかに流れ込んでくる。話を聞いている間、つかの間私はその人の来た道と物語を共有する。その不思議さ。

＊いつも「開いている人」でありたい

京都の地名に「六道の辻」というのがあった。

京都だけでなく各地にあるようだが、死後人間が行くとされる六つの世界があって、「六道の辻」はその分岐点だという。あらゆる過去を負った人がそこにランダムに集まり、それぞれの道へ歩いていく。

知らない人と話しているといつも、この「六道の辻」という言葉が頭をかすめていく。まさに「袖振り合うも他生の縁」。二度と会わないかもしれない目の前の人が、奇妙に懐かしく愛しく思えてくる。

以前、ヨガの先生にこんな言葉を聞いた。

「言葉にはエネルギーがあります。誰かに言葉をかけることは、自分のエネルギーを分け与えること」

言葉を交わすだけが交流ではない。駅で転んで痛い思いをし、起き上がった瞬間目の合った人が、同情の微笑みを浮かべてくれたとき、照れ笑いを返したこと。

電車のなかで、いわれのない言いがかりをつけられている人に、知り合いのふりをして寄って行ったこと。

口をきかなくたっていい。自分のまわりに注意を向け、関心を持つべきだと思う。

「閉じている人」よりは「開いている人」でいたい。

06

43 Hints

どっぷり自然につかる、地味アウトドアのすすめ

＊本を読んだり昼寝をしたりして過ごす

いつも人工物に囲まれて暮らしていると、ときどき無性に自然のなかに入っていきたくなる。

いわゆるアウトドア派ではないので、本格的なアウトドアギアなど持っていないが、ゴロリとできる敷き物、お弁当、本の一冊もあれば、晴れた日の〝なんちゃって〟アウトドアには十分。

大自然のなかで森林浴でも、といきたいところだが、都市周辺には小さな雑木林さえ残り少ない。おすすめなのは都立、県立レベルの大規模な公園や、川原。海が近ければ迷わず海。こんな身近な自然のなかで、一日を過ごすのだ。

日本人のアウトドアというと、大勢でワイワイ大がかりな道具を持って、女性は調

理係と洗い物係、子どもはゲームボーイ、ヘタすれば持参のカラオケを歌い出すという「お祭り」のようなイメージが大きい。

それはそれで楽しいと思うのだが、ひとりか二人で、静かにのんびり過ごす地味アウトドアというのがあってもいい。

たとえば晴れた気持ちのいい日、めぼしい木にハンモックを吊るす。折りたたみの軽量な椅子やベッドでもいい。

そこでお茶を飲みつつ、読みかけの本をめくる。眠くなったら素直に居眠り。ひと眠りしたら、その辺の雑草や昆虫の名前を、持参の図鑑で調べてみたり、何種類見つかったか書き出してみたり。

スケッチをしたり、写真を撮ったり、またはそんなこともせず、一日中、雲の動きを追いかけているだけでもいいのだ。だいたい、一日のうちに、空を見上げる時間が、毎日どれくらいあるだろうか。

秋なら、木の実やつるを集めて、ちょっとしたクラフトの材料にしてもいい。つるで編むリースは意外と形になりやすく、カンタン。そこに紅葉した木の葉や草の実をあしらえば、けっこうそれらしく仕上がるから不思議だ。

＊カンタンな食事を持っていくと、もっと楽しい

アウトドア＝バーベキュー、というのは、大人数のときだけ。地味アウトドアでは、自然そのものをゆっくり楽しむのが目的だから、食べるものには凝らない。

私自身、大したものはつくらない。切った野菜とゆで卵、ハムとチーズなどの具だけ用意しておき、途中で焼きたてパンを買い、切り込みを入れてサンドイッチ、という程度でも、アウトドアでは立派なごちそうだ。

これにワインの小ボトルとか、ステンレスボトルに入れた熱々のコーヒーがあれば最高だ。野外ではゴミを出さない食事が一番！

こんな即席アウトドア・ライフを楽しいものにしてくれるのは、実は一枚の布。お気に入りの布一枚で、草のうえも木のうえも、たちまち居心地のいい自分専用スペースになる。

テーブルや椅子と違って、軽くてかさばらないから、どこにでも持って行ける。

私は古いバティックを使っているが、リネンでもウールでも、何でもいい。それがあることで、「ここは私の場所だ！」という気持ちになれるものがあるのは、いいものだ。

自然のなかでゆったり過ごす。何もしていないように見えるけれど、実は深いところで自分と自然はつながり直している。その時間は、自分のなかの壊れた何かがゆっくりと修復される時間なのだ。目には見えないけれど……。

テレビも携帯もないところでは一時間と持たないという人には、地味アウトドアはおすすめしない。でも、電気がないところではすぐに退屈してしまう人って、自分のなかには何も楽しいことがないのかな?

自然のなかで、一日中自分を楽しませることができる人って、すごーく魅力的だと思うのだけれど。

07

43 Hints

地域の講座やイベントはあなどれない

タダ同然で本格的に楽しめる

私は自治体の広報紙、新聞のイベント告知欄、コミュニティ・ペーパーが大好きだ。インターネットでどんな情報でも手に入る時代だけれど、半径数キロメートル以内の身近なおもしろいことを探すには、やっぱりこういった小さなメディアが一番。隅から隅まで読むと、何かしらおもしろい情報が拾える。

地域で開催される各種教室やちょっとした演奏会、上映会、展覧会は無数にあるし、しかもそのほとんどが無料か、実費程度で参加できる。

タダだからとバカにしたものではない。

なかには、企業がスポンサーについた豪華なものや、けっこうな有名人が講師になってくれるものもある。作品を持ち帰れたり、おみやげつきなんてのも珍しくない。

いままで私が参加した、こういったイベントや教室は、

・インド料理講習会
・サリーの着つけ
・パソコンで作曲してみよう
・東京の水源探索
・裏千家茶道入門
・視覚障害者のための朗読
・おいしい紅茶の入れ方
・カリブ文化と音楽講座

などなど。

私は運動オンチなので、そのあたりが抜けているが、実際はもっとたくさんの講座に参加している。

これらの講座は一回限りの単発のものから、常設のものまでいろいろある。

短期の講座の場合、数回のうちにそのテーマの全体像をおぼろげながら理解できるようにプログラムされているので、カルチャーセンターや先生について習うほどでは

ないけれど、関心があって、一度やってみたい……というものに挑戦するにはピッタリなのだ。

＊サークルを主催してみるのも勉強になる

また、こういうところでは、けっこう友だちができる。ちょっと変わったテーマであるほど、周囲ではなかなか探せない同好の士が集まり、そのイベントがきっかけで新たな交流が生まれることも。

実際、自治体主催の数回限りの講座に集まった人たちが意気投合して、以来一〇年以上にわたり会報を発行しつつ交流しているサークルを知っている。

もちろん、自分で働きかけてイベントを実行したり、サークルメンバーを募っても、いろいろおもしろいことができる。自分の受講したい講座がなかなか地域で実施されなくても、「なければつくる」精神で、自分でつくってしまうのだ。

その場合、場所を借りたり、講師を呼んだり、ひとりではできないことも、人数を集めれば可能になる。そしてここでも、活躍するのは「小さなメディア」。

ただ、自分でイベントやサークルを主宰する場合は、必ず責任とリスクがともなう。

募集の告知には、ある程度自分の情報を開示しなければならないし、人を集めた以上、その人たちに対するケアの責任が生じる。必ずしも自分に都合のいい人ばかりが集まってくれるとは限らない。

でも、ただお金を払っていればいい「お稽古」と違って、すべてを自分でつくり出さなければならないサークル活動は、人間関係やイベントの実現など、さまざまな点で強烈な充実感・達成感を味わうことができる。

仕事や勉強との両立はタイヘンだけれど、そこから得られるものは、お金では買えないものなのだ。

08

43 Hints

「テーマ」のあるホームパーティーに挑戦

＊気負わずに、ちょっと変わった集まりを

日本のホームパーティーの定番といえば、冬は鍋、夏は庭でのバーベキュー。

それももちろん楽しいけれど、たまには何か「テーマ」を設定して集まるのもおもしろい。「いつも同じメンバー、いつも同じメニュー」ではなく、毎回ちょっとだけ〝異質な〟要素を持ち込むのだ。

たとえば「外国」というのは、いつものホームパーティーに異質な要素を持ち込むときのキーワードだ。

海外旅行や出張帰りの人の家に、みやげ話を聞きがてら集まる際、現地で覚えたレシピを披露してもらう。事前に食材の調達も旅行に組み込んでもらうと、なおいい。

この伝で、沖縄やメキシコ、インドネシア料理の講習会兼パーティーを何度か楽しんだが、料理とともに写真やビデオを見たり、旅の収穫（お買い物）を見せてもらったりと、みんな大満足だった。

外国語を学んでいる人同士で、その言語以外禁止のティーパーティーというのもおもしろい。最後まで通すことはむずかしいかもしれないが、活用の機会が少ない国内では、いい練習にもなるし、苦しまぎれの表現に、爆笑の場面も出てくるかも。

友だちのなかに外国人がいるなら、その人を招いて料理を教えてもらうパーティーというのも盛り上がる。

一〇年以上前に、ベトナムからの留学生に料理を教えてもらおうと、友人に声をかけたら、一〇人以上が集まって、当時ひとり暮らしの狭苦しい我が家の食器をありったけ出して、ようやく間に合ったことがある。食に限らず、日本の印象や本国のおもしろい話など、意外性のある会話に一同聞き入ったものだ。

✻パーティーの主役はあくまで「人」

もちろん、料理ができない外国人だっている。その場合は彼らが利用している本国流の惣菜店などに、みんなで買い出しに出かけるという手がある。

外国人留学生や日本駐在の会社員に、アジア食材の豊富な新宿や上野、欧米の食材が豊富な紀ノ国屋やナショナル麻布マーケットといったスーパーに連れていってもらう。彼らは日本人よりも、そういった食材を調達できる店に通じている。そして、誰かの家でパーティー……。こういう流れも、二段構成で楽しめていい。

パーティーというと、メニューばかりに気をとられがちだが、ホームパーティーにカラーを与えるのは、食べ物ではなくあくまで「人」。外国人に限らず、たまにはまったくの「別人種の人」に加わってもらうほうがいい。

年配者とか、異業界の人、おもしろい経験をしている人など、ちょっと毛色の変わった友だちをひとりずつ混ぜていくことは、固定的な人間関係やマンネリを避ける秘訣でもある。

知らない者同士が集まる欧米流を、ホームパーティーで実践するのは、日本人にとって気疲れするもの。でも、未知の人の登場は新鮮な話題を引き出してくれるし、互いの知らなかった面が見えてきておもしろい。

もちろんこの場合、ホストとなる人や紹介者は十分注意して、新参者が入りやすい雰囲気をつくり、浮かないようにする配慮が必要になってくる。

＊みんなをおもしろがらせる企画を考えよう

狭い居住空間にたくさんの人を招く場合、できるだけゆったりしてもらうために、スペースだけは広々としておきたい。

荷物やコートを預かるクロークを別室やバスルームに設けたり、テーブルが小さいなら片づけて、ありったけのクッションを集めて床座にするなど、ゲストの体がぶつからない程度のゆとりを確保しよう。

パーティーの召集の方法も、メールや電話だけに限らない。以前、妙に本格的な「招待状」を送りつけられて面食らったが、行ってみれば少人数の、なんてことはないパーティーで、ワインとポテトチップスくらいしかないテーブルを囲んで、ひたすらしゃべりまくるというものだった。

ホームパーティーといえど、暮らしのなかに小さな非日常を持ち込むことで、日常を活性化してくれる効果があるのは、ある意味「旅」と同じ。

仮装パーティー、怖い話を持ち寄る百話など、みんながおもしろがるような企画を考えてみては？

09

43 Hints

メールですませる前に、手紙を書いてみる

＊ **手書きの文字には心を揺さぶられる**

携帯やパソコンからのメールというのは本当に便利で、いまやこれなしには生活が成り立たないほど。

もちろん、メールでももらってうれしいことに変わりはないが、やはり手書きの封筒に切手を貼って送ってくれた手紙は、格段にうれしい。いまどき、こういう手紙をくれる人には、例外なくセンスがあるし、細やかな心づかいのできる人だと思う。

ときどき手紙をいただく人で、いつも感心するセンスの持ち主がいる。

書に秀でていることもあり、表書きも文面もすべて墨と筆を使って書かれている。ときには手作りの封筒に入っていたり、切手もタイムリーなもの、ユーモアあふれるものなど、そのときによりいろいろで、普段から買いためていることを伺わせる。

こんな手紙はなかなか書けないにしろ、ヘタなりに、自分の字で、気持ちを込めた手紙を送りたい。

もし、謝りたいことのある人や、苦しい日々を送っているけれど何も手伝えない人、いつかお礼を言いたいと思っている人など、心の隅に気にかかっている人がいるのだったら、その人にこそ送りたい。

もちろん、理由なんてなくてもいい。ふとその人のことが頭に浮かんだだけでも、手紙を書く立派な理由だ。

✳ たった一行のハガキでも、送ることに意味がある

ハガキ一枚といえど、埋めるのが苦痛、という人もいる。そんな人には、日ごろから美しい絵ハガキを買いためておくことをおすすめする。

旅先でも、ちょっとした雑貨や文具の店でも、コレクションしたくなるほどにいろいろな絵ハガキが売られている。絵ハガキのいいところは、絵の裏の上半分に宛て先を書けば、あとの下半分しか書くスペースがないことだ。

そのわずかなスペースに、「最近どうですか？」「いつもありがとう！」といった一行だけ書けばいい。

その代わり、絵の部分に、自分の伝えたいメッセージやイメージを伝えてもらう。「癒し」や「楽しさ」「慰め」など、テーマによって絵を選んでおき、「送りたい！」と思ったときに登場してもらうのだ。

封書を書くのは手紙上級者。そんな人ならレターセットにも凝りたい。キャラクターつきのファンシーなものよりは、むしろ外国製の業務用などにシンプルでいいものがある。それをオリジナルのスタンプで自分専用にしてもいい。

以前いただいた手紙で感心したのは、外国雑誌のグラビアページを使って手づくりした封筒。とてもステキだったので、以来ときどき真似させてもらっている。

文字で気持ちを伝えるという点では同じだが、手紙にはメールにないものがある。送ってくれた人がその手で選んだ紙に、その手で書いた文字や絵が、人の手によって運ばれる。手紙には、指で打ってすぐに届くメールにはない、豊かな「時間」が込められているのだ。

手紙を受けとったときの、あの温かな気持ちは、相手が費やしてくれた時間に対する感謝の気持ちなのかもしれない。

〈著者紹介〉
金子由紀子（かねこ・ゆきこ）

◇―1965年生まれ。大学卒業後、出版社に入社する。書籍編集に携わったのち、フリーに。現在はビジネスから旅行、健康、教育まで、幅広い分野で取材・執筆に携わっている。All About Japan「シンプルライフ」ガイド。（http://allabout.co.jp/family/simplelife/）

◇―学生時代から10年に及ぶひとり暮らしを体験。そのころ、ものを持たず、体を使うことで心地いい生活をつくっていく楽しさにめざめる。二児の母親として忙しい日々を送る傍ら、「心と体に無理をしない簡素な暮らし」（シンプルライフ）に関心を持ち、探究かつ実践している。

毎日をちょっぴりていねいに暮らす 43のヒント

2004年 9月23日　第1刷発行
2004年 10月5日　第2刷発行

著　者―――金子由紀子
発行者―――八谷智範
発行所―――株式会社すばる舎
東京都豊島区東池袋3-9-7 東池袋織本ビル　〒170-0013
TEL　03-3981-8651（代表）　03-3981-0767（営業部）
振替　00140-7-116563
http://www.subarusya.com/

印　刷―――株式会社シナノ

ISBN4-88399-398-1 C0095